회계학 콘서트

❶ 수익과 비용

회계학
콘서트

① 수익과 비용

하야시 아츠무 지음 | 박종민 옮김 | 김항규 감수

한국경제신문

회계는 단순한 숫자가 아니라
기업을 이해하는 숨겨진 정보다

당신은 왜 '회계'를 배우는가? 회사의 업적을 주주나 은행에 보고하기 위해서인가? 아니면 회사를 효과적으로 꾸려나가기 위해서인가? 경영에 도움이 되지 않는 회계는 아무런 의미가 없다.

경영에서 회계란 회사의 활동을 한눈에 볼 수 있게 해주는 바로미터다. 경영자나 매니저는 물론, 모든 비즈니스맨은 효과적인 경영을 위해 회계를 배워야 한다. 회계 지식이 없으면 경영에 관한 모든 것은 경험과 직감에 의존할 수밖에 없기 때문이다.

그러나 현실적으로 회계수치를 100퍼센트 신뢰할 수 없다는 것이 문제다. 이런 현실을 모르는 경영자는 때때로 회계에 속기도 하는데 이는 회계를 지나치게 믿기 때문이다. 분명히 말하지만 회계는 '회사의 실태를 있는 그대로 보여주는 거울'이 아니다. 회계란 마치 요술거울처럼 실제 모습보다 날씬하게 혹은 뚱뚱하게 비추기도 한다.

결산서는 회사의 판단과 회계처리 규칙에 따라 만들어진 경영 활동의 '요약자료'에 지나지 않는다. 사실에 가깝지만, 수치는 어디까지나 '근사치'일 뿐이다. 다시 말해 100퍼센트 정확한 사실이 아니라는 말이다. 이 세상에 절대적으로 올바른 결산서란 존재하지 않는다. 게다가 규칙을 조금만 벗어나도 간단히 이익을 조작할 수 있다. 이런 의미에서 회계는 '눈속임 그림'과도 같다.

또 회계는 '숨은 그림 찾기'라고도 할 수 있다. 회계는 단순한 숫자의 나열이 아니다. 회계자료를 유심히 살펴보면 예측하기 어려운 이상한 '숨은 그림'이 있다는 것을 알게 된다. 회계를 경영에 이용하려면 이 '숨은 그림'을 찾아내고 그것을 분석해야 한다.

회계는 비즈니스에서 '경영 정보'나 마찬가지이기 때문에 경영과 함께 배워야 한다. 그러한 이유로 이 책은 경영에 문외한인 주인공 유키가 회계 전문가인 아즈미 교수의 도움을 받아 회계와 경영을 배워가는 이야기 형식을 취했다.

각 장은 결산서를 읽는 방법이나 현금주의 회계(기업회계의 회계처리 원칙) 등 경영에 필요한 주제들을 사례와 더불어 알기 쉽게 설명하고 있다. 또 각 장이 끝날 때마다 'Key Point' 코너를 마련해 각 주제를 더욱 깊이 있게 배울 수 있도록 배려했다. 조금 어렵다고 느낄 수도 있지만, 전체적인 이야기를 읽고 난 후 Key Point 페이지만 따로 차분히 읽어보면 배운 것을 정리하고 이해하는 데 많은 도움이 될 것이다. 물론 처음부터 차례대로 읽어나가도 문제는 없다.

이 책에서는 전통적인 회계 이론뿐만 아니라 선진적인 회계이론도 몇 가지 사례를 통해 설명했다. 책의 모든 페이지를 다 읽을 때쯤에는 경영자의 시점에서 회계가 무엇인지를 이해할 수 있을 것이다.

　또한 이 책은 회계와 직접적으로 관련된 사람이 아니어도 자연스럽게 회계에 관심을 가질 수 있도록 쉽게 접근했으므로 주부나 대학생 등에게도 멋진 교과서가 될 것이다. 이 책을 통해 회계의 재미와 깊이를 조금이나마 느낄 수 있기를 바란다.

하야시 아츠무

회계학
콘서트

❶ 수익과 비용

갑작스런 사장 취임

"네, 뭐라고요? 제가 사장으로……."

유키는 뜻밖의 소식에 몹시 곤혹스러워했다. 주주총회에서 새로운 사장으로 선임된 것이다. 대학 졸업과 동시에 아버지가 경영하는 어패럴 회사인 '한나'에 입사한 지도 5년이 지났다. 유키는 그동안 오로지 디자이너 업무에만 몰두해왔으며, 이 일을 천직이라고 생각했다.

유키는 1년에 몇 차례씩 파리와 밀라노에 가서 패션쇼나 전시회 그리고 유명 브랜드 지점을 돌아본다. 이를 통해 국내외 유행의 흐름을 민감하고 재빠르게 포착해 독창적인 디자인을 만들어내곤 했다. 자신이 손수 만든 의상 디자인이 히트했을 때의 쾌감은 말로 표현할 수 없을 만큼 컸다. 유키는 이 일을 앞으로도 계속할 예정이었다.

그런데 이런 유키에게 더 이상 즐거운 일이 허락되지 않았다. 갑자기 아버지가 세상을 떠난 것이다. 골프를 치다가 쓰러진 아버지는 병원으로 옮겨졌지만 이미 심장이 멈춰 있었다.

회사에서는 잠시라도 사장 자리를 비워둘 수 없어 즉시 임시 주주 총회가 열렸다. 당초 사장의 후임으로 미망인인 유키 어머니가 취임 한다는 소문이 나돌았지만, 모든 이들의 예상을 깨고 딸인 유키가 신 임 사장으로 선출됐다. 지병인 심장병을 앓았던 유키의 아버지가 생 전에 귀여워하던 딸에게 회사의 모든 것을 상속한다는 유서를 남긴 것이다. 유서의 마지막에는 이렇게 적혀 있었다.

'그 누구도 내 뜻을 거슬러서는 안 된다!'

마침내 아버지의 유언대로 유키는 연간 매출액 100억 엔 규모의 '한나'를 상속해 대표이사 겸 사장으로 취임했다. 그러나 유키에게 사 장직이란 어렵고 귀찮은 자리일 뿐이었다. 유키가 아버지 회사에 취 직했던 이유는 좋아하는 의상 디자인 일을 하고 싶었기 때문이다.

'내가 사장이란 직책을 잘 감당해낼 리 없잖아!'

유키는 아버지를 원망했다.

주주총회 바로 다음 날, 유키에게 생각지도 않은 일이 일어났다. 한나의 주거래은행 지점장이 찾아온 것이다. 지점장은 유키에게 사 장 취임 축하 인사를 건넨 뒤, 검은색 가방에서 서류를 꺼내 책상 위 에 올려놓으며 이야기를 시작했다.

"귀사와의 거래 건입니다만……."

지점장은 한나에 대한 융자 상황과 지금까지 유키의 아버지와 주 고받은 내용을 설명했다. 최근 몇 년간 한나의 실적이 악화되고 있는 추세여서, 지점장이 구조조정 단행을 몇 번이나 권했다고 한다. 하지만 유키의 아버지는 사업 확대를 멈추지 않고 브랜드 수를 늘리며 공장을 증설했다. 그 결과 한나는 운전자금(원료의 구입, 급료나 회사 경비 등 일상적인 경영 활동에 필요한 현금)을 융통하는 데 어려움을 겪고 있다.

지점장은 이대로라면 한나는 조만간 막다른 골목에 이를 것이라고 생각했다. 더욱이 이제 막 신임 사장으로 취임한 유키는 디자이너일 뿐 경영에는 문외한이 아닌가. 지점장은 유키가 경영 위기에 처한 한나를 다시 일으키기는 힘들 것이라고 내다봤다. 따라서 가능한 이른 시간 안에 되도록 많은 대출금을 회수하여 도산에 따른 은행 손실을 최소화해야 한다고 생각했다.

'지금이 바로 기회다!'

지점장은 불안에 떨고 있는 유키에게 부드럽게 말했다.

"아버지께서 하지 못한 구조조정을 꼭 실행해주시길 바랍니다. 단, 언제까지 기다릴 수는 없으니 1년이란 시간을 드리겠습니다. 분발해주십시오."

잠시 침묵이 흐른 뒤, 지점장은 천천히 하고 싶은 말을 덧붙였다.

"본점의 지시로 한나는 앞으로 추가 융자를 일절 받을 수 없습니다. 또한 자택도 계속 담보로 잡아놓겠습니다. 그리고 새로 취임한 사장님께 개인보증을 부탁하려 합니다."

아무것도 모르는 유키는 지점장이 지시하는 대로 서류에 도장을 찍었다.

지점장이 돌아간 뒤에야 유키는 엄청난 사태에 말려들었다는 걸

깨달았다. 아버지로부터 물려받은 회사는 빚투성이였으며, 게다가 회사 빚의 개인보증까지 서게 된 것이다.

'이대로라면 무일푼이 될 게 뻔해. 어떻게 하면 좋지?'

유키는 몹시 불안했다.

유키는 회사의 경영 문제를 임원들과 의논해봤지만 모두 차가운 태도로 일관할 뿐이었다. 어떻게든 이 사태를 해결해보려고 궁리를 해봐도 방법을 찾을 수가 없었다. 시간은 덧없이 흘러갔다. 가죽소파에 앉아 서류에 도장을 찍을 뿐인 우울한 나날이 계속됐다.

그렇게 1개월 정도 지난 어느 일요일 저녁 무렵, 유키는 어머니에게서 뜻밖의 이야기를 들었다.

"우리 아파트 2층에 사는 아즈미 씨에게 상담해보는 건 어떨까?"

"그 덥수룩하게 머리를 한……."

이렇게 말한 유키는 집 근처에 있는 헬스클럽에서 젊은 여성들 사이에 섞여 땀투성이인 채 에어로빅을 하던 아즈미의 모습을 떠올렸다.

"네 아버지에게 들은 이야기인데, 그 사람이 공인회계사 자격증을 갖고 있을 뿐만 아니라 상장기업 사장도 했고, 지금은 대학원에서 회계*를 가르친다는구나. 책도 몇 권인가 썼다고 하던데……."

유키의 어머니는 마침 서가에 꽂혀 있는, 아즈미가 쓴 회계 책을

★ 회사에서 행해지는 회계에는 재무회계와 관리회계가 있다. 재무회계란 주주, 은행이나 거래처, 국가나 지방공공단체 등 외부의 이해관계자에게 회사의 업적을 보고하기 위한 것이다. 반면, 관리회계는 경영에 필요한 정보를 제공하기 위한 회계로 '관리와 통제'를 대상으로 한다. 이 책에서는 주로 관리회계를 다루었다.

꺼내어 유키에게 건넸다. 그 책에는 유키가 알고 싶은 내용이 이해하기 쉽게 설명되어 있었다.

"당장 가서 컨설팅을 부탁해봐야겠어요."

유키는 이렇게 말하고는 방을 뛰쳐나갔다.

유키가 아즈미의 집인 201호의 벨을 누르자, 곱슬머리의 중년 남성이 한 손에 와인 잔을 쥔 채 모습을 드러냈다. 유키는 현관에서 용건만 간단히 말했다.

"기꺼이 유키 양에게 힘이 되어 주지. 그러나 조건이 있어."

아즈미는 컨설팅을 수락하면서 세 가지 조건을 제시했다.

첫째, 강의는 한 달에 한 번!

　　가르쳐준 내용은 반드시 그달 실행에 옮길 것!

둘째, 강의는 맛있는 식사와 함께할 것!

셋째, 보수는 1년 뒤 유키 양이 지급하고 싶은 금액으로 할 것!

"내 취미가 식사와 다이어트라서 말이야."

아즈미는 사뭇 진지하게 말했다. 하지만 유키는 헬스클럽에서 머리에 수건을 두르고 땀을 흘리는 아즈미의 모습이 떠올라 키득키득 웃었다.

제1장

눈속임 그림과
숨은 그림 찾기

첫 번째 컨설팅

유키는 약속 장소인 일본 전통요리 가게에서 아즈미를 기다리고
있었다.

지난주 큰맘 먹고 아즈미에게 컨설팅을 의뢰한 뒤, 유키는 희미하
게나마 희망이 생기는 듯한 기분이 들었다. 상담할 상대가 있다는 것
만으로도 이렇게 마음이 편안해질 줄은 꿈에도 몰랐다.

오늘 회의는 정말 형편없었다. 임원들은 유키를 허울뿐인 사장 정
도로 생각하는 게 분명했다. 그들은 제멋대로 하고 싶은 말들을 모두
입에 담았다.

"제품 재고가 늘어난 원인은 공장에서 무턱대고 만들었기 때문이
아닐까?"

한나의 실권자인 경리부장 겸 이사가 젊은 제조부장을 다그쳤다.

"지시받은 수량밖에 만들지 않았습니다. 제품이 팔리지 않는 이유
는 디자인이 나빠서입니다."

제조부장은 제품기획부장에게 책임을 전가하며 말했다.

그러자 이번에는 반대로 제품기획부장이 제조부장을 비판했다.

"그쪽 제조부문에서 만든 제품의 품질이 나빠서 안 팔리는 거야!"

유키는 그들의 대화 내용을 전혀 이해할 수 없었다.

토론이 끝나갈 무렵, 경리부장이 유키에게 정중히 말했다.

"우리에게 적절한 지시를 내리는 것이 사장님의 할 일입니다. 판단을 내려주십시오."

이것은 분명히 유키를 괴롭히려는 속셈이다. 그러나 아무것도 모르는 유키로서는 꾹 참고 있는 것 외에는 달리 어찌할 도리가 없었다.

"아, 늦어서 미안!"

덥수룩한 머리를 긁적이며 아즈미가 모습을 드러냈다. 유키는 일어서서 허리를 깊숙이 숙여 인사했다. 아즈미는 앉자마자 물컵을 들어 단숨에 물을 들이켰다.

"유키 양은 아버지에게서 물려받은 회사를 어떻게 하고 싶은 거지?"

"선생님께 컨설팅을 부탁하기 전까지는 회사가 도산한다 해도 상관없다고 생각했어요. 그렇지만 정말 이상한 일이에요. 시간이 지날수록 한나를 잃고 싶지 않다는 마음이 절실해져요. 하지만 솔직히 어떻게 해야 할지 잘 모르겠어요."

유키는 마음속에 담아두었던 생각을 솔직하게 전했다.

그때까지 지그시 눈을 감고 귀를 기울이던 아즈미가 입을 열었다.

"회사를 잃고 싶지 않다는 마음은 잘 알았어. 하지만 사장인 유키 양은 그 누구도 의지해서는 안 돼. 회사를 살리는 것은 오직 사장만이 할 수 있는 일이야."

유키는 얼굴이 화끈거리는 것을 느꼈다. 회사를 살리는 것이 자신의 사명이라고는 꿈에도 생각하지 못했기 때문이다. 단지 아버지에게서 물려받은 회사를 도산시키고 싶지 않았고, 또한 막연히 아즈미가 도와줄 것으로만 생각하고 있었을 뿐이다.

그런데 아즈미는 사장인 자신이 회사의 운명을 쥐고 있다고 말하는 게 아닌가?

"사장으로서 가장 먼저 해야 할 일은 무엇인가요?"

유키는 주저하듯 물었다. 그러자 생각지도 못한 대답이 돌아왔다.

"우선 회계를 배울 것!"

"회계요?"

유키는 당황스러웠다.

'회사를 경영하는 데 왜 회계가 필요한 걸까?'

더욱이 회계용어는 다른 분야와 달리, 분개(부기에서 거래 내용을 차변과 대변으로 나누어 적는 일)나 수식을 보기만 해도 온몸에 두드러기가 생길 정도다. 유키는 평소 회계를 이 세상에서 가장 딱딱하고 재미없는 분야라고 생각했다.

루빈의 항아리 속에 감춰진 숨은 그림

"이걸 사왔지."

아즈미는 종이봉투에서 두꺼운 책을 꺼내 어느 페이지를 펼치더니 거기에 그려진 그림을 유키에게 보여주며 물었다.

"이게 무슨 그림 같아?"

유키가 보기에는 평범한 항아리처럼 보였지만 혹시나 하는 마음에 그림을 좀 더 주의 깊게 살펴보았다. 그러자 항아리 모양 말고도 두 사람이 서로 마주보고 있는 듯한 옆얼굴 모양이 서서히 드러나는 게 아닌가?

"이건 '루빈의 항아리Robin's vase'라는 숨은 그림 찾기야."

아즈미가 보여준 그림은 항아리 같기도 하고, 서로 마주보고 있는 사람의 옆얼굴 같기도 한 기묘한 그림이었다.

"여기서 중요한 점은 처음에는 한 가지 그림밖에 보이지 않지만, 익숙해지면 숨겨진 다른 그림이 보

이기 시작한다는 거야."

"이 숨은 그림 찾기가 회계와 어떤 관계가 있나요?"

유키는 이해할 수 없었다.

"결산서*를 볼 때 초보자라면 한쪽 모습밖에 볼 수 없지. 하지만 훈련을 하면 다른 모습을 볼 수 있게 돼. 그런 면에서 회계도 '숨은 그림 찾기'라고 할 수 있어."

'정말일까?'

유키는 도무지 믿기지 않았지만, 만약 그것이 사실이라면 회계가 재미있을지도 모른다는 생각이 들었다.

"예를 하나 들어볼게. 손익계산서에는 눈금이 그려진 온도계가 숨겨져 있어."

"온도계라고요?"

뜻밖의 이야기에 유키는 할 말을 잃었다.

아즈미는 새로 산 듯한 노트를 종이봉투에서 꺼내 굵은 펜으로 두 개의 온도계를 그렸다. 그다음 한쪽에는 검은색을, 다른 한쪽에는 빨간색을 칠했다.

★ 결산서의 종류는 법률로 정해져 있는 것부터 회사가 경영관리를 위해 임의로 작성하는 것에 이르기까지 그 수가 헤아릴 수 없을 정도로 많다. 회사의 업적을 공개할 때 작성되는 대표적인 결산서는 재무상태표, 손익계산서, 현금흐름표다. 재무상태표는 밸런스시트라고도 하며 회사가 일정 시점(결산일)에 보유하는 자산, 부채, 자본을 기록한 것이다(제2장 참조). 손익계산서는 일정 기간의 수익(매출)과 그 수익을 획득하기 위해 소요된 비용을 가리키며, 그 기간의 이익(손실)을 나타낸 결산서다. 현금흐름표는 일정 기간의 현금(현금 및 현금성 자산)의 증감과 잔액을 가리키며, 그 기간의 자금 흐름을 나타낸 계산서다(제3장 참조).

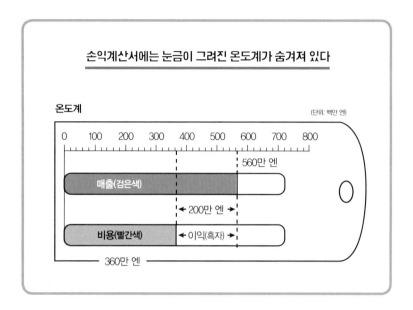

"검은색 온도계는 매출*, 빨간색 온도계는 비용**을 나타내지. 그런데 이익은 그 어디에도 존재하지 않아. 하지만 이 그림에서는 이익의 크기를 알 수 있어. 자, 그럼 이익은 어디에 숨겨져 있을까?"

유키는 잠시 생각했다.

'아즈미는 어떤 의도로 질문했을까? 그리고 지금까지 무심코 사용해온 '이익'이란 말은 대체 무엇을 뜻하는 것일까?'

"정답을 말해줄게. 매출에 나타난 색의 길이에서 비용에 나타난 색

★ 물품의 판매나 서비스의 제공, 자금의 운용으로 획득한 가치를 수익이라고 한다. 수익 중 제품이나 상품의 판매로 유입된 가치가 매출이며 수익을 얻기 위해 소비한 가치가 비용이다. 이익은 유입된 가치와 소비한 가치의 차액이다. 이 책에서는 물품의 제조판매 혹은 구입판매 회사를 다루므로 수익을 매출로 지칭했다.

★★ 비용의 발생은 경제가치의 소비를 뜻한다. 예를 들어 재료를 사용하고, 사람이 일을 하고, 설비를 이용하는 등의 행위다. 이를 금액으로 바꿔놓은 것이 회계상의 비용이다.

의 길이를 뺀 차액이 바로 이익이야. 다시 말해 검은색이 빨간색보다 길면 그 차이만큼 이익이 생기고, 반대로 빨간색이 검은색보다 길면 손실이 발생하게 돼. 이것으로 흑자와 적자의 의미도 이해했을 거라고 믿어."

"이익은 단독으로는 존재하지 않는다는 뜻인가요?"

유키는 지금까지 이익과 매출, 비용은 별개라고 믿었다. 그러나 아즈미는 그렇지 않다고 말하는 게 아닌가?

"맞아! 이익은 차액 개념이야."

"손익계산서를 눈금이 그려진 온도계라고 말씀하신 데는 어떤 깊은 의미가 있나요?"

"이익은 어디까지나 계산된 결과야. 그러니 직접 확인할 수 없어. 이것이 회계를 수수께끼로 만드는 거야."

"수수께끼라고요?"

유키는 아즈미의 표현이 너무 과장됐다고 생각했다. 단순한 차액 계산이지 않은가? 그러나 눈앞에 있는 회계 전문가는 진지하게 수수께끼라고 말했다.

"이것은 회계의 핵심과도 관계가 있는 매우 중요한 주제야. 지금은 잘 모르겠지만 1년 후에는 유키 양도 이해할 수 있을 거야."

아즈미는 이렇게 이야기를 일방적으로 끊었다.

노파와 소녀의 눈속임 그림

"회계는 '눈속임 그림(착시현상을 이용한 기묘한 그림)'과도 같아."

아즈미는 책 속의 또 다른 그림을 가리키며 물었다.

"이게 무슨 그림이라고 생
각해?"

언뜻 보아서는 소녀의 뒷모
습처럼 보였지만 또 혹시나
하는 마음에 유심히 살펴보니
마치 노파의 옆얼굴로도 보이
는 게 아닌가! 소녀의 귀는 노
파의 눈처럼, 소녀의 얼굴에
서 턱 부분은 마치 노파의 코
처럼 보였다.

"노파와 소녀의 '눈속임 그림'이야."

"이 그림도 회계와 관련이 있나요?"

마치 유키의 질문을 예상했다는 듯 아즈미는 미소 지었다.

"회사가 작성하는 결산서는 '눈속임 그림'과도 같아. 회계 전문가는
여러 가지 수법을 사용해 그럴 듯한 결산서를 만들려고 노력하지. 마
치 얼굴에 화장을 하는 것처럼 말이야."

"회계가 회사의 재무상태를 있는 그대로 나타내지 않는다는 말씀인가요?"

유키가 질문했다.

"그것이 회계의 참 미묘한 부분이야. 법이 허용하는 범위 내에서 그럴 듯하게 보이도록 만들고 있다고 해야 옳겠지. 마치 능숙한 화장처럼 말이야. 하지만 자칫 화장이 너무 진하면 '눈속임 그림'이 되고 말지."

"저는 결산서가 진실만을 표현한다고 생각했어요."

유키에게 아즈미의 이야기는 뜻밖이었다.

"진실을 표현한 결산서는 이 세상에 존재하지 않아. 결산서가 보여주는 정보에는 회사의 주관(감가상각비, 대손충당금, 퇴직급여충당금 등의 계산에 회사의 판단이 개입된다)이 섞여 있어. 그 주관에 따라 이익이 변동하게 되지."

"주관이라고요?"

아즈미는 그렇다는 듯이 고개를 끄덕였다.

"정말 회계가 그처럼 무책임한가요?"

유키는 도저히 이해할 수 없었다. 정말 그와 같은 일이 용서받을 수 있을까?

"회계가 엉터리라는 게 아니라 회계의 본질을 말하는 거야. 회계는 자연과학처럼 절대적인 진리를 추구하는 것이 아니라, 정해진 규칙 속에서 상대적인 진실을 추구하는 거야. 회계는 규칙을 위반하는 것을 싫어해. 자의성이 개입될 소지가 있기 때문이지. 자의성을 억제하려면 '지속적인 규칙 적용(기업회계는 처리의 원칙과 절차를 매기에 계속 적용하며 함부로 이를 변경해서는 안 된다)'을 전제로 해야만 해. 도로교통법처럼 말이지.

아즈미는 회계를 도로교통법에 비유했다.

일본에서는 차가 왼쪽 통행이고, 미국에서는 오른쪽 통행이다. 어느 쪽인가는 문제가 되지 않는다. 그렇지만 일단 어느 한쪽을 선택하게 되면 그 규칙은 지속적으로 지켜져야 한다. 실은 오른쪽 통행이 옳다는 식의 주장을 하는 사람도 없겠지만, 도로교통법에서 규칙의 절대적 당위성은 문제가 되지 않는다. 회계도 이와 같은 생각으로 만들어졌다. 지속적으로 유지되는 규칙이 바로 '옳은' 것이다.

회계규칙★이 절대적인 진실을 추구하지 않는 이상, 그 규칙을 적용한 결과인 이익도 절대적으로 옳다고는 볼 수 없다. 하지만 그 규칙을 절대적인 것으로 만들고자 한다면 회계규칙은 수습할 수 없을 정도로 복잡해진다. 따라서 회계에서 당위성(옳음)은 회사의 자의성이 개입되지 않은 것을 의미한다.

회사가 선택할 수 있는 회계규칙에는 몇 가지가 있으며, 그 선택은 회사의 자유의사에 따른다. 따라서 여기에도 회사의 주관이 개입된다. 더욱이 다종다양한 업체인 회사를 한정된 회계규칙으로 표현하

★ 회계는 규칙에 입각한 것이므로 그 규칙을 변경하면 결산수치가 바뀐다. 현재 미국과 유럽 그리고 일본에서는 각각 서로 다른 회계규칙을 사용해 결산서를 작성한다. 따라서 서로 다른 국가의 회계규칙으로 작성된 결산서를 사용해 도요타 자동차와 메르세데스 벤츠 및 GM의 업적을 비교하는 것은 의미가 없다. 따라서 국제적인 회계규칙의 통일화를 지향한 작업(국제회계기준)이 진행되고 있다.

고자 하기 때문에, 거기에서 묘사된 결과(결산서)는 회사의 실태를 정확하게 그려낸 것이 아니라 요약된 근사치★가 될 수밖에 없다.

게다가 회계규칙에서는 금액이 확정되지 않은 비용에 대해서는 합리적으로 추정해 계상한다. 여기에도 회사의 주관이 개입된다. 이와 같이 회계수치는 주관이 개입되어 있는 요약된 근사치라고 할 수 있다.

"정도의 차이는 있지만 회계수치나 결산서는 '눈속임 그림'과도 같고, 또한 절대적으로 옳은 것이 아니라는 점을 알아둘 필요가 있어."

이제 막 경영을 승계한 유키는 아즈미가 말하는 바를 아직은 잘 이해할 수 없었다.

후식으로 나온 과일을 다 먹고 나자, 아즈미는 오늘의 이야기를 정리하기 시작했다.

"경영이란 회사를 존속시키는 거야. 경영에서 회계는 없어서는 안될 존재지. 그렇다고 해서 회계수치를 곧이곧대로 받아들여서는 안돼. 그것은 '숨은 그림 찾기'와 같고, '눈속임 그림'과도 같기 때문이야. 숨은 그림을 찾게 되면 숫자의 뒤에 감춰진 진실을 정확히 파악할 수 있어. 눈속임 그림을 보이는 그대로 믿어버리면 어처구니없는 실수를 범하게 되지."

유키는 한마디도 놓치지 않으려는 듯 열심히 메모했다.

★ 동일한 업종의 매출액 1억 엔인 회사와 1조 엔인 회사가 있다고 할 때, 각각의 회사 업무는 1조 엔인 회사 쪽이 훨씬 복잡하다. 하지만 두 회사에서 작성되는 결산서의 형식은 기본적으로 같다. 제철회사와 컴퓨터 제조회사도 마찬가지다. 이것으로 알 수 있듯이 결산서는 회사의 실태를 요약한 근사치를 나타낸다.

"다음부터는 좀 더 구체적인 이야기를 해보자. 그리고 당초 약속대로 유키 양은 그때그때 배운 것을 하루빨리 실행하도록 해. 1년 이내에 한나의 주거래은행 지점장을 항복시켜야지. 유키 양은 파산하지 않아 좋고 나는 보수를 받아 좋은, 즉 누이 좋고 매부 좋은 이른바 '윈‑윈'을 이루는 거야."

아즈미가 즐겁게 웃었다.

기분 좋은 취기가 유키를 감쌌다. 아즈미의 둥근 얼굴이 더욱더 둥그렇게 변했다. 그리고 유키의 마음도 조금은 밝아졌다.

손익계산서로 무엇을 알 수 있을까?

1. 손익계산서는 회사의 경영 성과를 나타낸다

일정 기간 회사의 경영 성과(업적)를 나타내는 결산서를 '손익계산서'라고 한다. 업적은 매출액과 비용을 비교해 이익(손실)으로 나타난다. 사람이 1년에 한 살을 먹는 것처럼 회사도 원칙적으로 1년 단위로 업적을 계산한다. 그러나 하루가 다르게 급변하는 시대에 1년은 너무 길다. 그래서 재무회계에서는 반기 또는 분기 단위로 결산을 해 업적을 보고하도록 요구한다. 또한 경영자(사장이나 임원)나 관리자(부장 또는 과장)는 더 짧은 간격으로 업적을 파악할 필요가 있다. 그러한 이유로 관리회계에서는 보통 1개월마다 결산을 하고 이를 '월별결산'이라고 한다.

2. 손익계산서에서 알 수 있는 여러 가지 형태의 이익

수익과 비용은 모두 성질이 다른 몇 개의 그룹으로 구성되어 있다. 따라서 어느 수익과 어느 비용을 비교하느냐에 따라 차액의 결과인 이익(손실)의 종류도 달라진다. 판매한 상품이나 제품의 대금(매출)에서 원가(매출원가)를 차감한 값이 '매출총이익'이다. 예를 들어 제품을 100만 엔에 구입해 150만 엔에 팔면 매출총이익은 50만 엔이 된다. 이는 판매를 통해 얻은 제품이나 서비스의 부가가치 크기를 나타낸다.

다음으로 매출총이익에서 판매비와 일반관리비를 차감한 값(매출액−(매출원가+판매비 및 일반관리비))이 '영업이익'이다. 이 영업이익은 회사가 본업으로 획득한 이익을 가리킨다. 사업에 있어 재무적(금전적) 기반은 필수다. 금전적인 여유가 있으면 예금이나 주식 등에 잠시 투자할 수 있지만, 반대로 부족하면 은행에서 돈을 빌려야 한다. 영업이익에 이들 재무 활동에서 발생한 영업외수익(이자수익과 배당금수익)과 영업외비용(지급

손익계산서의 구조

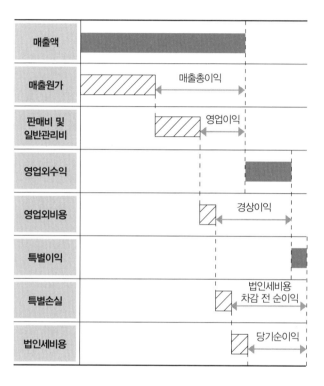

어느 수익과 어느 비용을 비교하느냐에 따라 차액의 결과인 이익(손실)의 의미가 달라진다

이자)을 가감한 값이 '경상이익'이다. 이 경상이익은 수익과 비용의 범위를 영업 활동과 재무 활동까지 넓힌 경우의 이익을 말한다. 이 경상이익은 회사의 현실적인 실적을 반영한 것으로 '영업이익'이 있어도 '경상손실'이 되는 이유는 재무적 기반이 약하기 때문이다.

경상이익에 임시적 또는 우발적 원인으로 생긴 이익과 손실을 가미한 값(모든 수익과 비용의 차액)이 '법인세비용 차감 전 순이익'이다. 거기에 법인세비용을 뺀 값이 '당기순이익'으로 1년간의 최종적인 업적을 나타낸다.

제2장

현금제조기의
효율을 높이자

고급 레스토랑에서의 컨설팅

유키는 엘리베이터에서 내린 순간, 자신이 지금 일본에 있다는 사실을 잊을 뻔했다. 눈이 부시도록 화려하게 장식된 이 공간은 마치 프랑스에 와 있는 것 같은 착각을 불러일으켰다. 빨간 융단이 깔린 계단을 내려가자 웨이터가 다가와 유키의 귀에 대고 속삭였다.

"아즈미 씨가 기다리고 계십니다."

덥수룩한 머리의 아즈미가 유키를 발견하자 손짓했다.

유키가 자리에 앉자, 아즈미가 물었다.

"세트 메뉴로 괜찮지? 와인도 주문해놓았어."

"아주 근사한 레스토랑이네요."

유키는 이렇게 호화로운 레스토랑에서 식사를 하는 게 처음이었다. 주위 테이블에서는 중년 부부와 젊은 남녀들이 즐겁게 식사를 하고 있었다.

소믈리에(서양 음식점에서 손님이 주문한 요리와 어울리는 와인을 추천해주는 사람)가 화려한 라벨이 부착된 와인을 아즈미에게 보이며 말했다.

"샤토 안젤루스. 생 테밀리용산 특급 와인입니다."

와인 잔에 따라진 벨벳 빛깔의 액체를 보는 것만으로도 그 맛의 훌륭함을 느낄 수 있었다. 아즈미는 와인 테스팅을 마치자 만족스러운 듯한 미소를 지었다.

한편 유키는 이날도 울적한 기분이었다.

"지점장에게 호되게 당했어요."

한나의 주거래은행 지점장이 찾아와 뜻밖의 말을 한 것이다. 2주일 내로 구조조정 계획안을 작성하라는데 유키는 아직 구조조정의 뜻도 제대로 이해하지 못한 상태였다. 그 자리에 함께 있던 경리부장은 유키를 도와주려는 기색이 전혀 없었다. 아니, 오히려 시종일관 지점장의 눈치를 살피면서 그의 말에 맞장구를 칠 뿐이었다.

"구조조정이라면 직원들을 해고하는 건가요?"

유키는 툭 한마디를 던졌다. 회사를 위해 일하는 직원들을 해고시키고 싶지 않다는 게 유키의 생각이었다.

"물론 그런 측면도 없지 않지만 구조조정의 본질은 인원 정리가 아니야. 그런데 혹시 살찐 적 있어?"

갑자기 아즈미는 화제를 바꿨다.

"관리를 조금만 소홀히 해도 바로 살이 찌는 체질이라 헬스클럽에 다니고 있어요."

유키는 어리둥절한 표정으로 대답했다.

"그건 좋은 마음가짐이야. 운동도 하지 않고 먹기만 하면 내장지방이 점점 굳어져 건강에 나쁘다고 하더군. 조심하지 않으면 목숨을 잃을 수도 있으니까.”

아즈미는 푸아그라(거위나 오리의 간으로 만든 프랑스 요리)를 먹으면서 진지한 표정으로 말했다. 그리고 한마디를 덧붙였다.

“유키 양의 회사와 똑같아.”

“한나가 너무 비대해졌다는 뜻인가요?”

“건강하지 못한 비만 상태라고 해야겠지.”

‘우리 회사 어디에 군살이 붙었다고 하는 걸까?’

유키는 그 의미를 알 수 없었다.

“회사는 지금 다이어트가 필요한가요?”

“그런 미적지근한 방법으로는 안 돼. 외과적인 처치로 군살을 제거하지 않으면 생명이 위험하다고. 적어도 지점장은 그렇게 생각하고 있을 거야.”

‘음, 회사의 군살이라…….’

유키는 군살이라면 회사에서 더 이상 쓸모없는 군더더기가 틀림없다고 생각했다. 지점장은 정말 그것을 제거하라고 말한 걸까?

“회사의 군살이 구체적으로 무엇을 뜻하는 거죠?”

유키는 단도직입적으로 물었다.

그러자 아즈미가 대답했다.

“예를 들면 팔다가 남은 제품이라든가, 산처럼 쌓인 옷감이라든가, 사용하지 않는 재봉틀 등등 끝이 없지.”

그러고 보면 확실히 한나는 군살 덩어리였다. 유키는 여태껏 공장

창고를 헛간 정도로밖에 생각하지 않았다. 그런데 그것이 회사의 군살이었던 것이다.

"군살 붙은 곳이 공장의 창고뿐인가요?"

"그렇지 않아. 창고는 극히 일부분에 지나지 않지."

"그렇게 많아요? 그럼 그곳이 어딘지 찾을 방법은 있나요?"

"재무상태표*를 활용하는 거야. X-ray나 MRI(자기공명영상법)로 우리 몸을 촬영하듯 재무상태표를 통해 회사의 보이지 않는 부분까지 들여다본다고 생각하면 돼."

"재무상태표 말인가요?"

유키는 회사의 재무상태표를 본 적은 있지만 그것이 무엇을 의미하는지는 잘 몰랐다.

"숨은 그림 찾기에 관한 이야기는 기억하고 있겠지? 재무상태표에도 숨은 그림이 있어. 재무상태표의 왼쪽은 회사의 현금제조기(고정자산)와 그 내용(재고와 외상매출금)을 나타내는 거야."

이렇게 말한 아즈미는 테이블 위에 놓여 있는 유키의 노트에 기계 그림을 그렸다. 그 기계는 재료의 투입구와 생산물인 현금의 출구가 있고, 마치 소프트 아이스크림의 제조장치와 같은 형태였다.

"이 기계는 현금을 넣으면 그 금액 이상의 현금을 만들어내는 신비로운 현금제조기야."

★ 일정 시점의 자산을 왼쪽, 부채와 순자산을 오른쪽에 나타낸 것으로 좌우의 합계 금액이 마치 저울처럼 균형을 이룬다고 해서 밸런스시트라고 부른다. 재무상태표도 자산이나 부채와 자본을 그저 열거해놓은 것이 아니다. 손익계산서와 마찬가지로 '숨은 그림 찾기'라고 할 수 있다.

재무상태표의 왼쪽과 오른쪽

아즈미는 자신이 그린 그림을 굵은 펜으로 덧그리며 설명을 이어 나갔다.

"간단히 말하면 회사의 활동은 현금을 사용해 현금을 만드는 거야. 다시 말해 수중의 현금을 현금제조기*에 투입하면, 그 현금은 기계 속 몇 개의 과정(재료 → 재공품 → 제품 → 외상매출금)을 통과해 다시 현금이 되어 밖으로 나오게 돼(외상매출금 → 현금)."

아즈미는 현금제조기 옆에 약식 재무상태표를 추가로 그려넣었다.

"고정자산은 현금제조기를 뜻하고, 재고나 외상매출금 등의 유동자산은 투입한 현금이 새로운 현금으로 교환되기 전의 상태를 말해."

재무상태표의 왼쪽에는 현금과 현금제조기(고정자산), 그리고 현금제조기의 안쪽(유동자산)이 그려져 있었다.

"현금제조기를 작동시키려면 현금이 필요해. 직원의 월급, 전기료, 수리비, 공구대금 등이 그것이야. 여기서 주의할 점은 현금제조기의 규모가 클수록, 그 성능이 저조할수록 막대한 유지비용이 든다는 거야."

★ 현금은 '재료 → 재공품 → 제품 → 외상매출금'으로 형태를 바꾼 뒤 또다시 현금으로 바뀌게 된다. 이 흐름을 '영업순환과정'이라고 하며 현금제조기의 안쪽에서 이루어진다.

재무상태표의 왼쪽에는 현금제조기의 그림이 숨겨져 있다

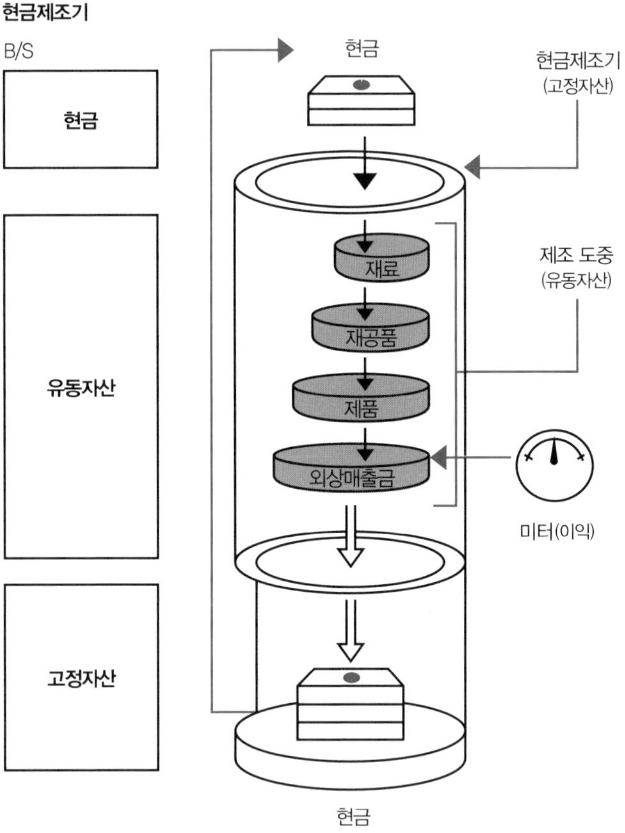

현금제조기

B/S

현금

유동자산

고정자산

현금

현금제조기
(고정자산)

제조 도중
(유동자산)

재료

재공품

제품

외상매출금

미터(이익)

현금

현금제조기에 투입된 현금은 기계 속의 몇 개 과정(재료→재공품→제품→외상
매출금)을 통과해 다시 현금이 되어 밖으로 나오게 된다

여기서 아즈미가 유키에게 넌지시 물었다.

"한나는 왜 이익을 올리지 못하는 걸까?"

"현금제조기에 문제가 있기 때문인가요?"

유키가 자신 없다는 듯 대답했다.

"맞아! 현금제조기가 제대로 작동하고 있지 못하기 때문이야."

유키는 아즈미가 그린 재무상태표와 현금제조기의 그림을 비교해 보면서 공장 현장을 떠올렸다. 기계를 좋아하던 유키의 아버지는 새로운 재봉틀이 출시되면 즉시 구입했다. 그러나 대부분 사용하지 않고 창고에 방치했다. 재봉틀만이 아니었다. 각기 다른 지방에 있는 두 공장 중 한 공장의 생산 라인은 가동되는 날보다 멈춰 있는 날이 더 많을 정도였다. 사택이나 휴양시설의 회원권도 여러 군데 갖고 있지만 이것 역시 현금을 창출하지는 않는다.

'맞아, 바로 그거야!'

그때서야 유키는 구조조정의 의미를 이해할 수 있었다.

"구조조정이란 현금을 창출하지 않는 자산을 처분하는 거군요?"

"훌륭한 대답이야. 고정자산 중에는 그 자체를 유지하는 데 필요한 현금조차도 만들어내지 못하는 것이 있어. 이와 같은 고정자산은 보유하는 것만으로도 현금을 낭비하기 때문에 제일 먼저 처분해야 해."

유키는 알았다는 듯 고개를 끄덕였다.

"다음은 현금제조기의 안쪽(현금이 되기 전의 자산)에 주목해볼까? 보통 이곳의 자산은 멈추는 일 없이 계속 흐르게 되어 있지. 그러나 이 중에는 장기간 정체되어 있는 재고나 외상매출금도 섞여 있어. 이 자산들은 아무리 시간이 흘러도 현금으로 바뀌지 않기 때문에 강제적으로 처분해야 해. 즉 원래 모습인 현금으로 되돌리는 거야."

아즈미는 샤토 안젤루스가 담긴 와인 잔을 오른손에 쥔 채 계속 설명했다.

"우선 가동하지 않는 공장의 건물이나 기계, 창고에 산더미처럼 쌓인 채 줄어들지 않는 옷감이나 지퍼 등의 부속품, 또는 팔다가 남은 제품 등을 처분해 현금으로 바꾸는 거야. 그리고 정체된 외상매출금을 회수하는 거지. 이렇게 해서 손에 넣은 현금을 은행차입금 상환에 충당하는 것, 바꿔 말하면 현금을 창출하지 않는 자산을 처분해 원래 모습인 현금으로 되돌리는 것이 구조조정의 첫걸음이라고 할 수 있지."

유키는 이제야 겨우 구조조정의 의미를 알게 되었다.

"날씬해진 한나를 상상해봐. 지금과는 전혀 다른 모습일 거야."

유키는 아즈미의 말을 하나하나 노트에 적었다.

잠시 뒤, 본 요리인 사슴고기 스테이크가 나왔다. 두 사람은 담백한 사슴고기와 진한 소스가 절묘하게 조화된 맛에 만족해했다. 아즈미는 눈 깜짝할 사이에 접시를 비우고 나서 음료수로 입가심을 한 뒤, 유키의 노트에 또 다른 그림을 그렸다.

"지금까지는 재무상태표의 왼쪽 이야기였고, 이제부터는 오른쪽 이야기를 해볼까? 오른쪽은 자금을 어디서 조달했는지를 나타내주지. 조달 원천은 거래처, 은행, 주주, 회사 이렇게 네 곳이야. 거래처로부터 조달한 자금은 외상매입금으로, 은행에서 조달한 자금은 차

재무상태표의 왼쪽은 자금의 운용상황, 오른쪽은 자금의 조달처를 나타낸다

재무상태표

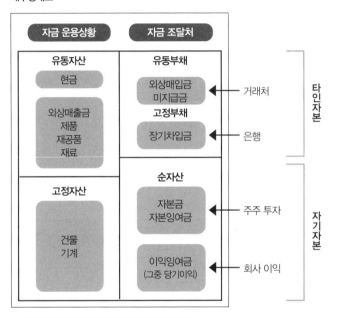

* 당기이익은 현금제조기의 성과를 나타내는 성과측정기다

재무상태표의 왼쪽은 자금(현금)의 운용상황, 오른쪽은 그 자금의 조달처를 나타낸다. 자금은 상환의무의 유무에 따라 타인자본(외상매입금, 미지급금 및 차입금 등의 부채)과 자기자본(주주가 투자한 자본금 및 자본잉여금과 회사의 이익인 이익잉여금)으로 분류된다

입금으로 분류되지. 이 외상매입금과 차입금은 언젠가는 갚아야 하는 돈이기 때문에 '타인자본'이라고 해. 주주가 투자한 자금의 원천은 자본금과 자본잉여금으로, 회사의 이익은 이익잉여금으로 분류되지. 이들은 회사의 것이므로 '자기자본'이라고 해."

유키는 한나의 재무상태표를 떠올렸다. 자금의 대부분은 은행에서 빌린 차입금이었다. 차입금에는 상환의무가 있고 이자도 물어야 한다. 따라서 빚으로 투자한 경우, 그 고정자산(현금제조기)이 새로운 현금을 창출하지 않으면 경영은 성립될 수 없다. 유키는 한나의 경영이 어렵게 된 원인이 무엇인지 조금 알 것 같았다.

"또 하나의 중요한 '숨은 그림 찾기'를 가르쳐줄게. 재무상태표의 오른쪽 맨 아래에는 현금제조기의 성과를 나타내는 '성과측정기'가 숨겨져 있어. 바로 이익을 뜻하지."

그때 유키는 뜻밖의 사실을 알게 됐다. 재무상태표를 유심히 보니 현금은 왼쪽에, 이익은 오른쪽에 표시되어 있었다. 다시 말해 현금과 이익은 별개의 것이다. 유키는 머릿속이 혼란스러워졌다.

"이익이 발생했다고 해서 동일한 금액만큼 현금이 증가하는 건 아니야. 유키 양이 진정한 경영자가 되고자 한다면 그 차이를 확실히 이해할 필요가 있어. 자세한 이야기는 다음번에 초밥 가게에서 만나 하도록 하지."

그렇게 말한 아즈미는 후식으로 나온 커피를 후루룩 맛있게 마셨다.

재무상태표(Balance Sheet, B/S)의 구조

B/S는 단순히 일정 시점의 자산과 부채, 순자산을 좌우로 열거해놓았을 뿐인 표가 아니다. 이 안에는 많은 정보가 숨겨져 있는데, 본문에서도 언급한 바 있지만 B/S는 예금을 포함한 현금을 어디서 조달해 어디에 사용(운용)하는지를 나타낸다.

B/S의 오른쪽은 자금의 조달 원천을 나타낸다. 사업에 필요한 자본이 되는 현금을 자금이라고 하는데, 이는 자기자본과 타인자본으로 나눌 수 있다.

거래처(외상매입금·미지급금)나 금융기관(은행차입금)에서 조달한 자금은 타인자본이다. 또 회사의 소유주인 주주가 투자한 자금(자본금·자본잉여금)과 회사가 벌어들인 자금(이익잉여금)은 자기자본이다.

B/S의 왼쪽은 조달한 현금의 사용 용도를 나타내는데 현금계정은 다양한 원천에서 조달한 현금이 뒤섞인 잔액을 말한다. 유동자산은 현금이 일시적으로 형태를 바꾼 모습이다. 다시 말해 현금이 재료 → 재공품 → 제품 → 외상매출금으로 형태를 바꾸었다가 다시 이전보다 큰 형태인 현금으로 되돌아오기 전까지의 모습을 가리킨다(이 과정을 영업순환과정이라고 하는데 다음 장에서 좀 더 자세히 설명하려 한다).

일단 현금이 고정자산(건물, 기계 등)으로 형태를 바꾸면, 원래의 현금으로 되돌아오기까지는 오랜 기간(내용연수)이 걸린다. 고정자산 구입에 사용된 현금은 감가상각(사용 또는 시간의 경과에 따라 소모되는 유형 고정자산의 가치를 추정해 내용연수로 할당하여 비용으로 배분하는 회계 절차)을 통해 내용연수(유형 고정자산의 효용이 지속되는 기간)를 거쳐 다시 현금으로 회수된다.

1. 재무상태표의 좌우 관계

현금의 조달과 사용 용도는 다음과 같이 그 성질에 맞게 합리적으로 균형을 잡는 것이 중요하다.

❶ 기계설비 구입에는 자기자본을 사용하고, 부족하면 장기차입금을 사용한다

기계설비는 장기간에 걸쳐 현금을 벌어들이기 위해 구입하는 것이므로 자기자금을 사용하는 것이 가장 좋다. 만약 자금이 부족한 경우는 기본적으로 장기차입금을 사용하는 것이 좋다. 이 경우 기계장치의 사용기간과 차입기간을 일치시키는 것이 중요하다. 만약 단기차입금으로 기계설비를 구입한다면 어떻게 될까? 이듬해에는 차입금을 상환해야 한다. 하지만 이 기계장치는 아직도 충분한 현금을 벌어들이지 못했기 때문에 자금부족으로 또다시 차입금이 필요하게 된다.

❷ '외상매출금＋재고'를 외상매입금 이하로 유지하자

B/S를 분석할 때 교과서 등에서는 유동비율(유동자산÷유동부채)이 200퍼센트 이상 필

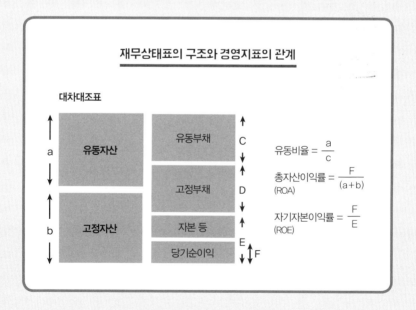

요하다고 설명한다. 그 이유는 대체로 1년 이내에 회수되는 현금(유동자산)이 1년 이내에 지출되는 현금(유동부채)보다 많아 1년 이내에는 그 차액만큼 현금이 증가한다고 생각하기 때문이다. 하지만 이런 생각은 잘못됐다. 이상적으로는 영업순환과정, 즉 현금제조기의 안쪽에 주목해 '외상매출금+재고<외상매입금'의 형태를 지향해야 한다. 그 이유는 현금흐름의 시점에서 보면 보다 명백해진다.

외상매출금과 재고는 현금이 형태를 바꾼 상태를 말한다. 이 외상매출금과 재고가 다시 현금이 되어야 비로소 외상매입금 지급을 충당할 수 있다. 한편 외상매입금은 업자에게 지급할 현금을 일정 기간 유예받은 상태를 말하기 때문에, 현금이 재고와 외상매출금으로 형태를 바꿔도 구입대금의 지급을 유예받은 동안에는 자금의 변통에 아무런 지장을 끼치지 않는다.

그런데 '외상매출금+재고'가 외상매입금보다 많으면 그 차액만큼 운전자금(현금)이 부족해진다. 반대로 외상매입금이 '외상매출금+재고'보다 많을 때는 다른 사람의 돈을 사용해 사업을 하는 상태라고 말할 수 있다. 다시 말해 운전자본(외상매출금+재고-외상매입금)은 제로 이하를 지향해야 하고, 그것이 현금주의 경영을 지향하는 회사의 기본자세라고 할 수 있다.

2. 결산서 분석이란?

지금까지 설명한 내용을 이해했다면 결산서를 손쉽게 분석할 수 있다. 총자산이익률 ROA이라는 경영지표를 알고 있는가? 총자산이익률이란 일정 기간의 성과인 당기순이익을 총자산(유동자산+고정자산)의 합계로 나눈 값을 가리키며 현금의 효율적인 운영을 파악하는 데 매우 중요한 지표가 된다. 즉 총자산이익률이 높을수록 회사는 효율적으로 현금을 운용하는 것이다.

유동자산도 고정자산도 현금이 형태를 바꾼 모습이다. 만약 은행예금의 금리 정도밖에 이익을 획득할 수 없다면 굳이 위험을 감수하면서까지 사업을 할 필요가 없을 것이다.

본문 중 하나의 이야기로 되돌아가면, 구조조정을 추진한다는 것은 현금의 증가에 공헌하지 않는 자산을 처분하는 것으로 이는 총자산이익률ROA 향상이라는 결과를 가져온다. 그래서 구조조정의 첫 단계로 불필요한 자산을 재무상태표에서 떼어내 분모인 총자산을 작게 만든 것이다.

또 하나의 중요한 지표로 자기자본이익률^{ROE}(당기순이익÷자기자본)이 있는데 이것은 회사의 자기자본이 얼마나 이익을 올리고 있는지, 다시 말하면 회사의 고유자금(자기자본)을 얼마나 유효하게 사용하고 있는지를 나타내는 지표다.

제3장

참다랑어 초밥은
왜 이익을
올릴 수 없을까?

참다랑어와 전어 초밥의 차이

아즈미가 지시한 대로 회사의 불필요한 자산목록을 뽑아본 유키는 그 숫자의 방대함에 놀랐다. 특히 눈에 띄는 것은 사용하지 않는 재봉틀과 재단기였다. 게다가 더 큰 문제는 지방에 있는 한 공장으로 이 공장은 직원들에게 지급할 월급조차도 벌어들이지 못하고 있었다. 적자를 감수하면서까지 가동을 멈추지 않은 이유는 그 지방이 고향인 유키 아버지의 집착 때문이다. 그렇지만 그냥 이대로 내버려둘 수는 없는 일이었다.

복리후생용으로 구입한 골프장이나 숙박회원권도 모두 처분목록에 올렸다. 1년 이상 줄어들지 않고 있는 재료나 제품 재고도 모두 처분대상으로 분류했다. 이들을 현금으로 바꾸면 유키 아버지 고향의 공장 직원들에게 퇴직금을 지급하고도 상당한 금액을 차입금 상환에 충당할 수 있다. 이것만으로도 구조조정의 효과가 확실하게 나타날 것으로 보였다.

오늘의 약속 장소는 역사와 전통이 깃든 초밥 가게다.

"사양하지 않고 먹겠습니다."

유키는 이렇게 말한 뒤 초밥을 먹기 시작했다.

아즈미는 따뜻하게 데운 일본 전통 곡주를 감칠맛 나게 마시고 나서 유키를 물끄러미 바라보았다. 아무래도 유키의 태도가 이상했다.

"아무리 내가 경리 업무에 문외한인 풋내기 사장이지만, 그런 속 보이는 말은 하지 않아도 될 것을……."

유키의 분노는 좀처럼 가라앉지 않았다. 유키가 이처럼 화를 내는 이유가 있었다.

경리부장이 신임 사장인 유키를 찾아와 이렇게 말한 것이다.

"이번 달은 오래간만에 이익을 낼 수 있을 것 같지만, 지급할 자금이 부족하니 은행에서 차입을 하고 싶습니다."

그래서 유키는 경리부장에게 다음과 같이 물었다.

"이익이 발생했다면 자금융통이 원활해져야 하는 게 아닌가요?"

그러자 경리부장은 기가 막힌다는 표정으로 당돌하게 말했다.

"사장님, 회계공부 좀 하십시오."

"경리부장이 나를 어린애 취급하는 거예요."

유키는 불쾌해 견딜 수가 없었다.

"경리부장이 말한 것도 틀리진 않아. 이전에 잠깐 언급했지만, 이익이란 현금의 유무와는 별개야."

아즈미는 또 한번 곡주를 감칠맛 나게 마시면서 말했다. 그리고 여느 때처럼 엉뚱한 질문이 시작됐다.

"유키 양은 참다랑어 초밥이 돈벌이가 된다고 생각해?"

유키는 참다랑어 초밥이 한 개에 500엔 이상 하기 때문에 돈벌이가 될 거라고 대답했다.

그러자 아즈미가 말했다.

"결론부터 말하자면 돈벌이가 안 돼. 초밥 한 개당 단가가 높아 이익이 많아도 돈벌이가 안 되는 거야."

유키는 무슨 말인지 전혀 이해할 수 없었다. 단가가 높은 참다랑어 초밥을 팔면 이익이 증가할 것이다. 그런데 참다랑어 초밥이 돈벌이가 안 된다니……

"맛있다고 해서 참다랑어 초밥만 주문해서는 안 되는 거야. 참다랑어 초밥은 그 가게의 서비스 메뉴고 수량도 한정되어 있기 마련이지. 진짜 식도락가는 초밥 가게와 다른 손님도 생각해 이런 음식을 적게 주문한다는군."

유키는 더욱더 혼란스러워졌다.

"그건 식도락가의 이야기 아닌가요?"

아즈미는 고개를 저었다.

"그렇지 않아. 회계 이론상으로도 맞는 말이야. 힌트를 줄게. 전어 초밥은 돈벌이가 되지만, 참다랑어 초밥은 돈벌이가 안 돼. 이 초밥 가게 전체를 현금제조기로 간주해봐."

유키는 '돈벌이'라는 말의 의미를 생각해봤다.

보통 '돈벌이'라는 말의 의미는 '현금이 증가하는 것'으로 회계에서 말하는 이익과는 차이가 있다. 아즈미도 참다랑어 초밥보다 전어 초밥을 팔아야 현금이 증가한다고 말하는 게 틀림없다. 참다랑어는 구입단가가 높고, 언제든 수중에 넣을 수 있다는 보장도 없다. 그렇기 때문에 시장에서 마음에 드는 참다랑어를 발견하면 약간 넉넉하게 구입하는 경우가 많다. 구입한 참다랑어가 전부 팔릴 때까지 1개월이 걸린다면, 최초에 지급한 현금이 모두 회수될 때까지 1개월이란 기간이 소요되는 것이다.

하지만 전어는 그렇지 않다. 일단 전어는 구입단가가 낮다. 초밥 한 개당 판매가격도 싸기 때문에 주문량도 많다. 신선함이 자랑이므로 한번에 대량으로 구입하는 일도 없다. 하루 분을 구입해 그날에 다 판다고 가정하면, 오늘 구입한 전어는 가게 문을 닫을 무렵에는 모두 현금으로 바뀌었다는 말이 된다.

'재고로 정체되어 있는 시간이 달라!'

유키가 생각한 내용을 말하자, 아즈미가 덧붙여 설명했다.

"핵심은 이익과 자금량이야. 확실히 초밥 한 개당 이익은 참다랑어 쪽이 더 크기 때문에 전어보다 더 돈벌이가 된다고 착각할 수 있어. 그러나 자금량을 눈여겨보면 전어 쪽이 더 돈벌이가 된다는 걸 알 수 있지. 구입한 자금이 다시 현금이 되기까지의 시간이 가장 중요한 점이야. 전어는 참다랑어보다 그 시간이 훨씬 짧아. 유키 양이 말한 것처럼 하루 만에 현금으로 바뀌지. 따라서 전어는 적은 자금을 반복해 회전시킴으로써 많은 현금을 벌어들일 수 있어. 그러나 참다랑어는 다 팔릴 때까지 1개월이나 걸리기 때문에 그동안 자금은 휴면상태에

빠져들게 돼."

아즈미는 눈앞에 놓인 전어와 참다랑어 초밥을 볼이 미어지게 입안 가득 넣고 맛있게 먹었다.

"숫자를 사용해 설명할게. 이 초밥 가게에서 매일 전어 100마리를 5천 엔에 구입해 그날 전부 팔아 버린다고 가정해보자. 한편 참다랑어는 한 달에 한 번 10킬로그램을 5만 엔에 구입해 25일 동안(초밥 1개 50g×하루 8개×25일=10킬로그램) 판다고 가정하자. 처음에 필요한 자금을 보면 전어는 5천 엔이고, 참다랑어는 5만 엔이야. 그러나 1개월 동안 벌어들이는 현금액은 전혀 달라. 예를 들어 전어 초밥 한 개를 100엔(원가는 50엔)에 팔면, 1개월 뒤에는 처음 5천 엔이던 현금이 12만 5천 엔(하루 5천 엔×25일)으로 불어나지. 참다랑어 초밥을 1개월에 걸쳐 1개당 500엔(원가 250엔)에 판다고 했을 경우, 증가하는 현금은 5만 엔(하루 2천 엔×25일)에 지나지 않아!"

유키는 귀를 의심했다. 그러나 계산해보니 확실히 그랬다.

아즈미의 설명이 이어졌다.

"이 관계를 정체되는 총자산의 양이란 시점에서 볼까? 전어에 사용하는 자금 5천 엔은 하루 만에 회수되기 때문에 정체되는 자산의 양은 총 12만 5천 엔(5천 엔×25일)뿐이야. 하지만 참다랑어는 전부 팔기까지 총 62만 5천 엔(5만 엔×25일÷2)의 자금이 정체한다는 이야기가돼. 다시 말해 자금이 적게 들 뿐만 아니라 회전율도 높은 전어 쪽이 경영에는 훨씬 유리하다고 할 수 있어."

유키는 한나의 경영방식을 생각해봤다. 신상품 준비를 위해 반년

아즈미의 설명

이익 비교

		초밥 1개당 이익	1개월간(25일)의 이익
전어		100엔(판매가격)－50엔(원가) ＝50엔	1일 초밥 100개×25일＝2천 500개 초밥 2천 500개×50엔 ＝12만 5천 엔
참다랑어		500엔(판매가격)－250엔(원가) ＝250엔	1일 초밥 8개×25일＝200개 초밥 200개×250엔은 5만 엔
차이		참다랑어 초밥이 200엔 많다	전어 초밥이 7만 5천 엔 많다

자금량의 비교

		구입자금	회수에 필요한 날짜	1개월간 정체된 자금 합계
전어		5천 엔	1일	5천 엔×25일＝12만 5천 엔 1일　　　　25일
참다랑어		5만 엔	25일	5만 엔×25일×½ ＝62만 5천 엔 1일　　　　25일
차이		－	－	참다랑어 초밥에 정체되는 자금량은 전어 초밥의 5배다

적은 자금을 고회전으로 운용하는 전어 초밥 쪽이 돈벌이가 된다

전부터 대량으로 옷감과 부속품을 구입해 비축해둔다. 그 자산의 합계는 10억 엔을 가볍게 초과한다. 현금이 부족해지는 게 당연했다.

'전어처럼 현금의 회전속도를 높여야 해.'

유키는 이제야 재고를 줄여야 하는 이유를 알았다. 그것은 적은 자금량(현금)으로 사업을 하는 것이다.

"참다랑어 초밥은 돈벌이가 안 된다는 상식을 뒤엎은 것이 회전초밥이야."

참다랑어 초밥이라고 해도 재료의 구입경로를 확보할 수 있고, 손님이 끊임없이 먹어준다면 회전속도가 빨라진다. 한 마리에 100만 엔이나 하는 참다랑어를 하루에 다 팔 수 있다면, 자금이 정체하는 기간은 전어와 같이 하루뿐이다. 다소 싸게 팔더라도 참다랑어 초밥이 돈벌이가 되는 상품으로 바뀐다. 아즈미는 이것이 회전초밥이 돈벌이가 되는 비밀이라고 말했다.

슈퍼마켓의 심야영업이 증가한 이유

"또 다른 예를 들어볼게. 최근에 샐러리맨이 많은 주택가에서 심야영업을 하는 슈퍼마켓이 증가했지? 왜일까?"

"편의점과의 경쟁인가요?"

"그것도 하나의 이유가 되겠지만 회계의 시점으로 대답해봐. 힌트를 줄게. 주택가는 밤에도 수요가 있어. 그리고 상품은 현금의 일시적인 모습이야. 자, 생각해봐."

이전에 유키는 어머니와 폐점시간 직전의 슈퍼마켓에서 생선을 반값에 산 적이 있다. 슈퍼마켓에서는 재고가 생기지 않게 하려고 폐점시간이 가까워지면 가격을 내리면서까지 다 팔아치우려고 한다.

그런데 최근 슈퍼마켓이 영업시간을 연장하고 나서는 할인품목이 줄었다. 늦은 시간에 귀가하는 사람들이 정규가격으로 사기 때문이다. 그 결과 할인상품은 물론 버리는 상품도 줄게 됐다. 아즈미가 말한 대로 상품을 현금의 일시적인 모습이라고 생각하면 상품을 버린다는 의미는 곧 현금을 버리는 것과 다름없다는 결론이 나온다.

"귀가시간이 늦은 샐러리맨들이 많은 지역에서는 심야영업이 현금흐름의 증가와 직결되기 때문이에요."

유키는 자신 있게 대답했다.

재고는 왜 증가하는 걸까?

"유키 양의 회사 이야기인데……."

아즈미는 화제를 하나로 되돌렸다.

"아마도 경리부장은 이익이 발생한 것 이상으로 재고가 증가했기 때문에 자금융통이 여의치 않다고 말하고 싶었던 걸 거야."

확실히 한나의 제품 재고는 계속 증가했다. 옷감의 재고도 그렇지만 지퍼나 단추와 같은 부속품의 재고가 특히 많았다. 이 재고들은 영업소나 공장의 창고에 산더미처럼 쌓여 있다. 이익이 발생해도 지금과 같은 경영을 계속 고집한다면 현금은 만성적으로 부족하게 된다.

바로 그때 유키에게 새로운 의문이 생겼다.

'한나의 재고는 계속 증가하는 반면, 이 초밥 가게의 재고가 적은 이유는 뭘까?'

유키는 이런 의문을 아즈미에게 물었다.

"초밥 가게는 필요한 만큼의 재료만 구입하기 때문이야."

초밥 가게는 경험적으로 팔릴 만큼만 재료를 구입한다. 따라서 초밥 가게에는 장기적인 재고가 발생하지 않는다(참다랑어는 예외임). 이 점에 대해서는 유키도 디자이너로서 충분히 이해할 수 있었다. 특히 젊은 여성의 소비행동은 민감하기 때문에 파악하기 어렵다. 따라서 자신 있게 내놓은 디자인인데 전혀 팔리지 않아 바겐세일 행사장으로 직행하는 경우도 많다.

이유는 이랬다. 밤을 지새워 신제품을 디자인했지만, 아무리 분발해 세상에 내보내도 왠지 잘 팔리지 않았다. 그래서 하나라도 히트시키고 싶은 마음에 제품의 종류를 늘렸고, 제품의 종류가 많은 만큼 팔다가 남은 제품 재고도 계속 늘어났다. 자금융통에 어려움을 겪는 이유는 아무래도 여기에 있는 것 같다.

"유키 양의 회사는 몇 종류의 제품을 취급하고 있지?"

"브랜드 수는 아동, 여학생, 독신여성, 독신남성, 기혼여성, 기혼남성, 중년여성, 중년남성 이렇게 타깃별로 여덟 개예요. 제품은 한 시즌당 한 개의 브랜드로 약 50종류니까 전부 약 400종류고요."

"제품마다 치수나 색깔 등이 다양하다는 점을 고려하면 제품의 종류는 2천 종류를 넘겠군."

"그렇겠네요."

유키는 제품의 종류가 너무 많다는 사실에 놀랐다.

제품의 종류가 많다는 것을 알고는 있었지만, 2천 종류라는 말을 들으니 새삼 놀라울 뿐이었다. 더욱이 봄과 여름 사이, 가을과 겨울 사이, 이른 봄, 이렇게 세 번에 걸쳐 신제품을 출시한다. 다시 말해 해마다 6천 종류의 신제품을 세상에 내보낸다는 이야기다.

그런데 이렇게 제품의 종류가 많은 것을 왜 한 번도 문제 삼지 않았을까?

"제가 말하는 건 좀 뭐하지만 왜 재고가 증가하는 걸까요?"

유키는 부끄럽다는 듯이 물었다.

"그건 고객의 수요를 정확히 예측할 수 없기 때문이야. 따라서 밑져도 본전이라는 생각으로 제품의 종류나 브랜드를 늘려왔던 거지."

고객의 수요를 정확히 예측할 수 없어서 제품의 종류를 늘렸고, 이에 따라 제품의 재고도 증가해 결국에는 자금융통이 악화된 것이다.

"브랜드 수도, 제품의 종류도 줄여야겠네요."

"맞아! 그렇게 하면 재고가 감소하게 돼."

현금흐름표란 무엇인가?

"이전에 회계에는 주관이 개입되어 있다는 이야기를 한 적이 있지. 다시 말해 재무상태표와 손익계산서는 '회사의 의견'이라고 할 수 있어. 그런데 이 교훈은 아직 끝난 게 아니야. '그러나 현금은 현실'이라는 말도 있어. 즉 현금은 거짓말을 하지 않는다는 뜻이야. 하지만 여기에도 문제가 있지. 현금에는 색칠을 할 수가 없거든."

유키는 현금에 색칠을 한다는 말을 이해할 수 없었다.

"이런 이야기야. 예를 들어 하나의 은행계좌에 평생을 써도 다 쓸 수 없을 정도의 현금이 있다고 가정하자. 유키 양은 그 돈을 어디에 쓰고 싶어?"

"음, 디자인용 고성능 컴퓨터를 사고, 젊은 디자이너를 교육하거나 적극적인 홍보 활동을 하거나 또 파리나 밀라노에 직영점을 신설하는 것도 괜찮겠네요……."

유키는 상상만으로도 마음이 들떴다.

"그런데 그 예금이 모두 은행에서 차입한 거라면?"

"아버지와 똑같은 실수를 범하게 되겠죠."

"그렇겠지. 그럼 이쯤에서 회사의 예금을 포함한 현금내역을 생각해볼까. 여기에는 사업으로 벌어들인 현금 외에도 토지를 팔아 갹출한 현금, 은행에서 차입한 현금, 증자로 조달한 현금이 포함되어 있을지도 몰라. 그러나 현금 자체에는 색칠을 할 수 없어. 그래서 그 출처를 모르면 사용법을 잘못 알고 사용할 위험이 있지. 그래서 현금의 흐름을 나타낼 필요가 있어. 이게 바로 현금흐름표야."

아즈미는 유키의 노트에 세 개의 수도꼭지가 달린 물통을 그렸다. 그리고 각각의 수도꼭지에 '투자용' '재무용' '주주용'이라고 썼다.

"현금흐름표의 구조를 설명할게. 물통에 채워진 물은 회사가 1년 동안 창출한 현금이야. 이를 '영업현금흐름'이라고 해. 경영자가 할 일이란 이 물통의 물을 가능한 만큼 최대한 늘리는 거야. 채워진 물의 사용방법에는 세 가지가 있어. 첫째는 현금제조기(고정자산)를 사기 위한 지출이야. 이를 '투자현금흐름'이라고 해. 그리고 나머지 두 가지는 은행차입금의 상환과 주주배당이야. 이들을 '재무현금흐름'이라고 해. 현금이 남으면 다음 달로 이월되고, 부족하면 지난달의 현금을 헐게 되지."

아즈미는 술병에 남은 술을 마지막 한 방울까지 술잔에 따르면서 말했다.

"만약 이 술병처럼 물통에 물이 떨어졌다면 어떻게 해야 할까? 물이 없다는 것은 영업현금흐름이 적자라는 뜻이니까 예금을 헐거나 은행에서 차입을 하거나 또는 고정자산을 매각해 물통의 물이 마르지 않도록 해야겠지. 이러한 현금흐름을 정리한 표가 현금흐름표야. 이 표에는 영업, 투자, 재무별로 현금의 수지가 표현되어 있어. 현금흐름표를 보는 것만으로도 회사의 재무상황을 파악할 수 있는 거지."

유키는 물통 그림을 보면서 머릿속을 정리하려고 노력했다.

현금흐름표

영업 활동

↓ 1년간 창출한 현금

영업현금흐름

| 투자용 | 재무용 | 주주용 |

현금제조기   은행   주주

고정자산 구입   차입금 상환   배당금 지급

투자현금흐름   **재무현금흐름**

영업현금흐름의 사용방법은 세 가지다. 하나는 고정자산 구입, 다른 하나는 은행차입금 상환 그리고 배당금 지급이다

아즈미는 현금흐름표를 보면 현금이 어떤 이유로 증가하고 또는 감소하는지를 한눈에 알 수 있다고 말했다. 그러나 그건 어디까지나 회계 전문가 입장에서고, 유키는 자신과 같은 비전문가는 쉽게 다룰 수 없는 분야라고 생각했다.

"저도 사용할 수 있나요?"

"물론이야!"

아즈미는 틀림없다는 듯이 말했다. 그리고 나서 테이블 위에 놓인 노트에 세 개의 직사각형을 그린 뒤 서로를 화살표로 이었다.

"구체적으로 설명할게. 이 **[패턴 1]**의 그림은 유키 양이 최근 2개월

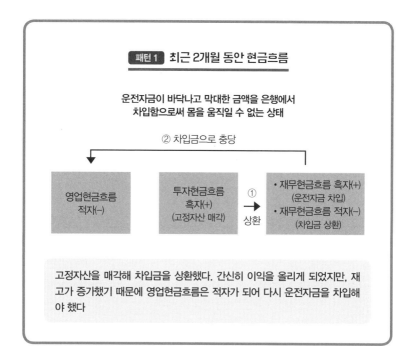

동안 실제로 경험한 일을 나타내고 있어. 유키 양의 회사는 몇 번이나 운전자금이 바닥났을 뿐만 아니라, 막대한 금액을 은행에서 차입함으로써 꼼짝도 할 수 없는 상태가 됐지. 다시 말해 한나의 현재 체력으로는 차입금에 대한 원금과 이자를 지급할 수 없어. 그래서 은행지점장이 유키 양에게 구조조정을 강요한 거야. 그런 까닭에 유키 양은 현금을 창출하지 않는 고정자산을 매각해(①) 차입금을 상환했지. 하지만 재고가 증가했기 때문에 운전자금이 바닥나서 또다시 차입을 하게 된 거야(②)."

여기까지 듣자 유키는 이전에 경리부장이 했던 말의 의미를 처음

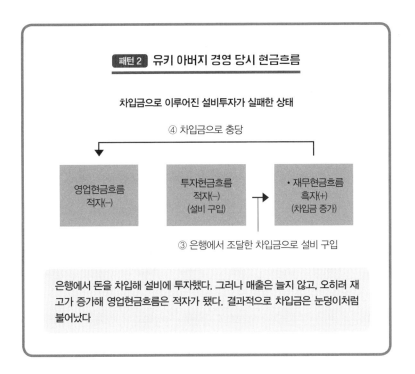

패턴 2 | 유키 아버지 경영 당시 현금흐름

차입금으로 이루어진 설비투자가 실패한 상태

④ 차입금으로 충당

| 영업현금흐름
적자(−) | 투자현금흐름
적자(−)
(설비 구입) | ・재무현금흐름
흑자(+)
(차입금 증가) |

③ 은행에서 조달한 차입금으로 설비 구입

은행에서 돈을 차입해 설비에 투자했다. 그러나 매출은 늘지 않고, 오히려 재고가 증가해 영업현금흐름은 적자가 됐다. 결과적으로 차입금은 눈덩이처럼 불어났다

으로 이해할 수 있게 되었다.

아즈미가 설명을 계속했다.

"다음으로 유키 양의 아버지께서 그동안 무엇을 해왔는지 상상해볼까? 그 현금의 흐름을 표현한 것이 [패턴 2]의 그림이야. 유키 양의 아버지께서는 공장을 짓고 최신 재단설비나 재봉틀을 구입해 생산력을 향상시키려고 했어. 그러나 회사에는 구입자금이 없었지. 당시에는 은행차입금으로 설비에 투자하는 것을 당연시했기 때문에 아마도 전액을 차입금(재무현금흐름)으로 충당했을 거야(③). 하지만 예상과는 달리 매출이 늘지 않았어. 제품의 종류가 많아 재고도 증가하게 됐고, 영업현금흐름이 감소했기 때문에 은행에서 자금을 조달했을 거야(④). 결과적으로 차입금이 눈덩이처럼 불어나게 된 거지."

유키는 이때까지 아버지가 어떤 생각으로 공장을 확장해왔는지 알 수 없었다. 그러나 아즈미의 설명을 듣고 보니, 아버지가 심사숙고하지 않고 설비투자를 했던 것은 아닐까 하는 생각이 들었다.

아즈미의 이야기는 계속됐다.

"다음으로 유키 양의 아버지께서 지향했을 현금의 흐름이 [패턴 3]의 그림이야. 투자자금을 차입금으로 조달하더라도(⑤) 회사의 업적이 향상되고 영업 활동으로 충분한 현금 수입이 생기면, 차입금 상환이나 이자지급(⑥)에 문제가 없을 것으로 생각했을 거야. 하지만 현실은 그렇지 못했어."

유키는 자신이 상속한 '부채의 유산'이 아버지의 잘못된 판단 때문이라는 걸 이해할 수 있었다.

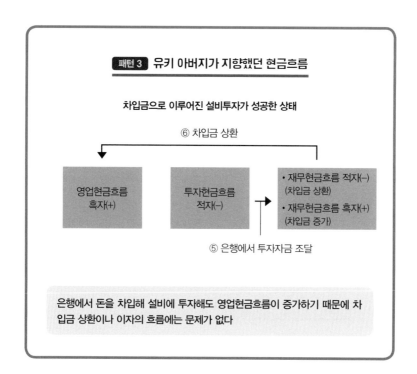

패턴 3 유키 아버지가 지향했던 현금흐름

차입금으로 이루어진 설비투자가 성공한 상태

⑥ 차입금 상환

| 영업현금흐름
흑자(+) | 투자현금흐름
적자(-) | • 재무현금흐름 적자(-)
(차입금 상환)
• 재무현금흐름 흑자(+)
(차입금 증가) |

⑤ 은행에서 투자자금 조달

은행에서 돈을 차입해 설비에 투자해도 영업현금흐름이 증가하기 때문에 차입금 상환이나 이자의 흐름에는 문제가 없다

아즈미의 설명이 이어졌다.

"지금부터 3개월 후의 수입과 지출을 예측해볼까? 그것이 **[패턴 4]**의 그림이야. 영업현금흐름은 흑자가 될 거고, 지방 공장이 팔리면 현금이 들어올 거야. 그러나 이 돈은 모두 은행차입금의 상환과 이자에 충당되지. 이래서는 은행을 위해 일하는 것과 별반 다르지 않아. 그렇다고 해도 지금 상태로는 신규 투자할 여유가 없어. 하지만 투자를 할 수 없으면 경쟁력은 급격하게 떨어지게 돼. 이 딜레마를 어떻게 극복할 것인지가 문제야."

유키가 진지한 눈빛으로 물었다.

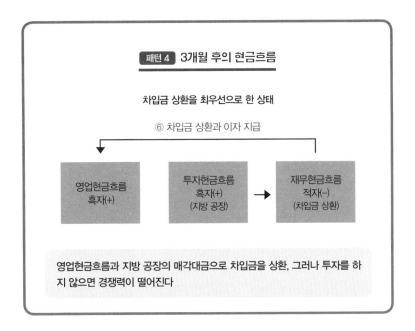

패턴 4 3개월 후의 현금흐름

차입금 상환을 최우선으로 한 상태

⑥ 차입금 상환과 이자 지급

| 영업현금흐름 흑자(+) | 투자현금흐름 흑자(+) (지방 공장) | 재무현금흐름 적자(−) (차입금 상환) |

영업현금흐름과 지방 공장의 매각대금으로 차입금을 상환, 그러나 투자를 하지 않으면 경쟁력이 떨어진다

"적절한 시기를 택해서 적극적으로 나서야 한다는 말인가요?"

"맞아! 유키 양이 책임지고 회사의 장래를 결정하는 거야. 유키 양이 지향해야 할 회사를 그린 것이 바로 **[패턴 5]**야. 현금은 샘물처럼 솟아나고, 장래를 위한 투자도 활발히 이루어지는 경우야. 더욱이 부채가 전혀 없어서 남은 현금은 주주에게 환원할 수 있어. 대주주인 유키 양은 이렇게 돌아오는 배당금으로 좋아하는 것도 살 수 있지."

"한나가 **[패턴 5]**의 그림과 같은 회사로 다시 태어날 수 있을까요?"

"유키 양에게 강한 의지와 실행력이 있다면 가능한 일이야."

유키의 불안은 희망으로 바뀌었다. 마음속에서 활력이 솟구치는 듯한 느낌이 들었다.

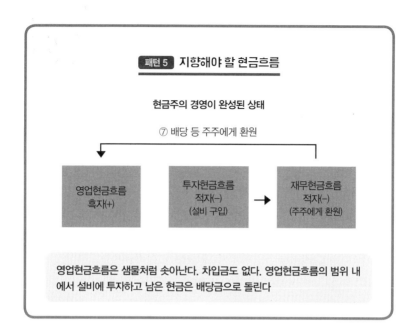

"자신은 없지만 한번 도전해볼게요."

지금 유키와 아즈미가 마주 앉은 이 초밥 가게에는 주변에 주택이 많은 탓인지 8시인데도 손님이라고는 이 두 사람뿐이었다.

유키가 말했다.

"다음에는 저희 집으로 오세요. 제 어머니께서 손수 만든 요리를 대접하고 싶으시대요."

"몹시 기다려지는군."

아즈미가 미소를 지으며 말했다.

Key
Point

영업순환과정과 현금흐름의 관계

1. 영업순환과정

영업순환과정이란 현금제조기 안에서 현금을 사용해 현금을 제조하는 과정을 말한다. 처음에 현금은 재료로 형태가 바뀌고 이후 여러 가지 과정을 거쳐 가치를 높인 다음 제품으로 변한다. 완성된 제품은 고객에게 매각되어 외상매출금이 되고, 그 대금이 은행 계좌에 이체된 후 다시 현금이 된다. 이런 과정이 한 바퀴 돌게 된다.

이처럼 현금은 재료 → 재공품(제조과정) → 제품 → 외상매출금 순으로 형태가 바뀌다가 이전보다 더 많은 현금이 되어 다시 회사로 되돌아온다. 이 일련의 과정을 '영업순환과정'이라고 하며, 이는 현금제조기의 안쪽에 해당한다. 이는 회계, 더 본질적으로는 비즈니스를 이해하는 데 대단히 중요한 개념이다.

2. 이익과 현금흐름

영업순환을 반복하면서 증가한 현금을 '영업현금흐름'이라고 한다.

본문에 나오는 전어 초밥을 판매하는 것처럼 효율적으로 사업을 운영하기 위해서는 적은 자금을 고속으로 회전시켜 영업현금흐름을 되도록 많이 늘리는 것이 중요하다.

이익은 매출(외상매출금)과 비용(제품원가)의 차액이다. 일반적으로 이익은 제품을 단골고객에게 건네줄 때 계상한다. 그러나 외상매출금의 회수는 이후가 되기 때문에 이익의 계상과 현금이 증가하는 시기는 다르다.

다음은 이익과 영업현금흐름이 크게 다른 경우를 생각해보자. 이익이 발생했기 때문에 매출대금을 전부 사용해 또다시 같은 제품을 제조했는데 이번에는 전혀 팔리지 않은 채 결산을 맞이했다고 가정할 경우, 수중에 현금은 없지만 결산서는 흑자다. 제품이 전

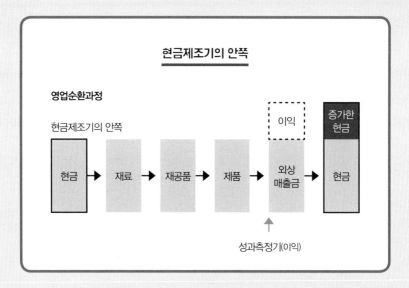

현금제조기의 안쪽

영업순환과정

현금제조기의 안쪽

현금 → 재료 → 재공품 → 제품 → 외상매출금 → 이익 / 증가한 현금 / 현금

성과측정기(이익)

부 팔렸는데 외상매출금이 회수되지 않은 경우도 결과는 같다. 이처럼 흑자(이익)인 것과 수중에 현금이 있는 것은 다른 의미다.

3. 현금흐름표의 구조

현금흐름표란 일정 기간에 현금(현금 및 예금 등의 현금성 자산)이 증감된 것과 잔액을 나타낸 것으로 다음의 세 가지로 구성된다.

🔟 영업현금흐름

영업순환과정에서 증가한 현금을 '영업현금흐름'이라고 한다. 이는 당기이익(매출−비용)에 감가상각비 등 비현금성 비용을 더하고 운전자본(재고+외상매출금−외상매입금)의 증가액을 뺀 값이다. 여기서 이익에 감가상각비 등을 더하는 이유는 감가상각비 등이 현금 지출을 동반하지 않는 비용이기 때문이다. 다시 말해 이익+감가상각비(이를 현금주의 이익이라고 함) 이상으로 운전자본이 증가하면 영업현금흐름은 마이너스가 되어 '계산상으로는 맞는데 현금이 모자라는' 상태가 된다.

영업현금흐름은 본업에서의 현금 증감을 나타내며, 경영이 건전한 회사라면 이 영업현

현금흐름표로 무엇을 알 수 있을까?

과목	
Ⅰ. 영업 활동에 의한 현금흐름	회사 본래의 영업 활동에서 발행한 현금(예금)의 증감 내용
당기이익	본업의 성과
감가상각비	현금 지출을 동반하지 않는 비용을 이익에 가산
현금이익(당기이익+감가상각비)	
운전자금의 감소	
외상매출금의 증가	
재고 증가	영업순환과정 내 현금의 일시적 모습
외상매입금 감소	
① 영업 활동에 의한 현금흐름	
Ⅱ. 투자 활동에 의한 현금흐름	현금제조기인 공장 건물, 기계, 특허권 등의 취득이나 매각 등의 수입과 지출 내역
고정자산의 취득에 의한 지출	
고정자산의 매각에 의한 수입	
② 투자 활동에 의한 현금흐름	
잉여현금흐름(①영업현금흐름-②투자현금흐름)	자유롭게 사용할 수 있는 현금
Ⅲ. 재무 활동에 의한 현금흐름	금융기관에서의 차입이나 상환, 자본금의 증자, 배당금 지급 등 재무 활동 전반에 걸친 현금수지 내역
장기차입금 상환에 의한 지출	
주식발행에 의한 수입	
배당금 지급	
③ 투자 활동에 의한 현금흐름	
Ⅳ. 현금 및 현금성 자산의 증가(감소)액	당기의 현금 순증(감)
Ⅴ. 현금 및 현금성 자산의 기초잔액	
Ⅵ. 현금 및 현금성 자산의 기말잔액	

금흐름은 플러스가 되어야 한다. 만약 영업현금흐름의 적자가 몇 년간 지속되고 개선의 조짐이 보이지않는다면 회사는 머지않아 중대한 위기를 맞게 된다.

❷ 투자현금흐름

고정자산(현금제조기)의 구입이나 매각에 관계되는 현금의 수입과 지출을 '투자현금흐름'이라고 한다. 구체적으로는 기계설비, 건물, 토지, 자회사 주식의 취득과 매각, 투자목적으로 보유하는 주식의 매각, 자회사 등에 실시하는 자금의 대출이나 상환 등을 말한다. 건전한 회사는 적극적으로 투자 활동을 하기 때문에 이 값은 마이너스가 된다.

투자를 절제하면 영업현금흐름은 감소한다. 회사를 존속시키려면 적어도 현상을 유지할 만한 투자지출이 필요하다. 영업현금흐름에서 투자현금흐름을 차감한 값을 '잉여현금흐름'이라고 한다. 현금주의 경영에서 잉여현금흐름은 원칙적으로 흑자여야 하는데, 이는 '경영자는 영업현금흐름을 최대로 해 그 범위 내에서 유효한 투자를 해야 한다'는 의미다.

❸ 재무현금흐름

은행 차입, 사채 발행, 주식 발행(증자), 배당금 지급, 자기사채 구입 등 비즈니스의 기반을 지탱하기 위한 현금수지를 '재무현금흐름'이라고 한다.

현금주의 경영의 입장에서 말하자면, 투자는 영업현금흐름의 범위 내로 한정해야 한다. 그러나 거액의 설비투자를 하거나 자회사를 매수할 경우에는 은행 차입이나 증자로 부족분을 조달하게 된다.

제4장

채점 후 시험지를 검토하지 않는 아이는 성적이 나쁘다

월별결산서의 필요성

손익계산서, 재무상태표, 현금흐름표에는 각각 그것을 해독할 수 있는 그림(열쇠)이 숨겨져 있다는 사실을 알고 난 뒤 유키는 결산서를 읽는 일이 즐거워졌다.

이날도 온종일 몇 년 전 것부터 최근 것까지 결산서를 주의 깊게 훑어보는 중이다. 어느 정도 회계 지식을 갖추고 결산서를 읽어나가다 보니 아버지의 허울 좋은 위세는 단지 빚을 유용한 것에 불과하다는 사실도 알게 됐다.

대형 벤츠 자동차도, 리조트 클럽의 회원권도, 고향에 설립한 공장도 모두 빚이었다. 그러나 빚이 사용된 곳은 이뿐만이 아니다.

'내 월급도 빚을 냈던 거야…….'

여기까지 생각이 미치자 유키는 허탈감을 느꼈다.

유키는 자신이 사장에 취임한 이후로 경리부에서 한번도 월별결산서를 올린 적이 없다는 사실을 깨달았다. 유키에게 있는 것은 작년까지의 연차결산서뿐이다. 매달 간부회의에서 경리부장에게 구두로 업적보고를 받는 게 고작이었다. 아버지가 경영할 때부터 월별결산서에 관심을 갖는 임원은 없었던 것 같다.

유키는 경리부장의 부하직원을 통해 월별결산서는 해당 월로부터 2개월이 지나야 작성된다는 사실을 알게 됐다. 그래서 경리부장에게 간부회의가 시작되기 전까지 월별결산서를 작성하라고 지시했다.

그러자 경리부장이 오히려 되물었다.

"왜 그렇게 빨리 작성해야 합니까?"

유키는 월별결산서가 필요한 이유를 열심히 설명했지만 경리부장을 이해시키기는커녕 횡설수설하고 말았다. 유키 자신도 그렇게 짧은 시간 내에 월별결산서를 작성해야 하는 이유를 이해하지 못한 상태였기 때문이다.

"자, 드세요."

유키의 어머니는 자신이 잘하는 이탈리아 요리를 만들어 아즈미에게 권했다.

어머니는 딸이 걱정돼 견딜 수가 없었다. 일에 의한 스트레스로 종종 우울해하는 딸을 볼 때마다 회사를 정리하는 것이 좋겠다는 생각도 했다. 그러나 유키 어머니는 지금 회사를 정리하면 딸이 거액의 빚만 떠안게 된다는 사실을 모르고 있다.

"이탈리아 요리입니까? 마침 잘됐군요."

이렇게 말한 아즈미는 들고 온 북이탈리아산 레드와인 '바롤로'를 종이봉투에서 꺼냈다. 그러고 나서 소믈리에 나이프(소믈리에가 쓰는 와인 병따개)로 조심스럽게 코르크 마개를 따고 색깔, 향기, 맛을 음미하더니 잔에 따랐다. 농후하고, 힘차며, 복잡 미묘하면서도 품위 있는 맛을 자아내는 이 와인은 유키의 어머니가 손수 만든 요리를 한층 더 돋보이게 했다. 은은한 취기와 포만감으로 기분이 좋아질 무렵, 아즈미가 화제를 바꿨다.

"지난달의 업적은 어땠어?"

"경리부장에게서 흑자라는 보고를 받기는 했지만 월별결산서를 받아보진 못했어요."

"오늘은 7월 20일이잖아. 아직도 6월의 월별결산서가 작성되지 않았다니 어떻게 된 거야?"

아즈미가 이상하다는 듯이 물었다.

"경리부장에게 더 빨리 작성해주기를 지시했지만 오히려 왜 그렇게 빨리 월별결산 결과를 알려고 하는지 그 이유를 모르겠다는 눈치였어요."

"그래서 유키 양은 뭐라고 대답했지?"

"그냥 '서둘러 주세요'라고 했을 뿐이에요."

유키는 부끄럽다는 듯이 고개를 숙였다.

"오늘은 월별결산서가 왜 필요한지를 이야기해줄게. 그런데……."

아즈미는 갑자기 유키의 어머니에게 말을 걸었다.

"따님은 학창 시절에 시험을 치르고 나서 틀린 문제를 다시 검토했습니까?"

"글쎄요?"

예상치 못한 질문에 어머니는 어리둥절해했다.

이번에는 유키에게도 똑같은 질문을 했다. 유키는 학창 시절의 기억을 더듬으며 대답했다.

"제 기억에 학생 때는 점수만 보고 시험지는 버렸던 것 같아요."

성적이 워낙 좋지 않았던 탓에 채점이 끝난 시험지는 다시 보고 싶지 않았다. 그러나 재수를 하면서부터는 생각이 바뀌었다.

유키가 다녔던 대학입시 학원에서는 1년간 교육과정에 따라 강의와 시험이 반복됐다. 입시학원의 지도대로 채점한 시험지를 되돌려받으면, 반드시 틀린 곳을 자세히 검토했다. 성적이 나쁜 과목은 공부하는 방법을 바꿔보기도 했다. 그 결과 성적이 쑥쑥 올라가 1지망 학교에 합격할 수 있었다.

"틀린 곳을 자세히 검토해야 같은 문제에서 실수를 안 하고, 그래야 성적이 오른다는 사실을 깨달았어요."

"잘 알고 있군. 월별결산서는 채점이 끝난 시험지와 같아. 여기서 중요한 것은 목표를 달성할 때까지 자신의 약점에서 시선을 돌리지 않아야 한다는 거야."

PDCA 사이클을 돌리자

아즈미의 설명은 계속됐다.

"채점이 끝난 시험지를 검토하는 것은 월별결산에서 목표(예산)와 실적을 비교하는 것과 같아. 그렇게 비교하면 경영의 약점이 드러나지. 그 약점은 그 장소에서 시정돼. 그러니까 월별결산서는 되도록 빨리 작성해야 하는 거야."

그런데 현재의 한나는 시험 결과를 검토하기는커녕 채점조차 하지 않고 있다. 이래서는 업적이 좋아질 리 없었다.

"다시 말해 경영순환주기*가 제 기능을 못하는 거야."

"경영순환주기요?"

"맞아! PDCA 사이클이라고도 해. 유키 양이 재수하면서 깨달은 수험공부의 사이클과 같은 거야."

아즈미는 유키의 노트에 원을 그리고 그 원이 4등분이 되도록 십자 모양으로 선을 그었다. 그러고 나서 PDCA 사이클과 수험공부를 대비시킨 문구를 덧붙였다.

★ PDS(Plan-Do-See) 사이클과 PDCA 사이클이 있으며 그중 PDCA 사이클이 일반적이다. PDCA 사이클은 계획(Plan), 실행(Do), 평가(Check), 개선(Action)의 과정을 차례로 실시하고, 마지막 개선을 다음 계획에 연결시켜 나선상으로 목표를 추진하기 위한 경영기법이다. 관리회계는 이 경영순환주기를 효과적으로 돌리고자 이용한다.

경영순환주기(PDCA 사이클)

시정조치
(약점 부분
보강)

예산
(1년간
교육과정)

Action

Plan

Check

Do

월별결산
(채점한
시험지 검토)

업무 활동
(일일학습과
월례 시험)

① Plan
목표를 설정하고, 그 목표를 실천하기 위한 활동계획을 세운다
② Do
계획을 시행하고, 그 실적을 측정한다
③ Check
측정결과를 평가하고, 결과와 목표를 비교하는 등 분석을 통해
개선해야 할 점을 분명히 밝힌다
④ Action
실제로 개선 활동을 실행한다

"경영도 수험공부도 PDCA 사이클이라는 부분으로 보면 똑같아. 회계는 이 PDCA 사이클을 효과적으로 돌리기 위해 사용되는 거야. 계획 P(Plan)는 한 해 동안의 행동계획(사업계획)을 뜻해. 구체적으로 무엇을 할까를 결정하지. 이를 경영관리기법을 사용해 금액으로 고친 것이 연별예산이야. 그리고 매달의 행동계획을 금액으로 바꿔놓은 것이 월별예산이지. 월별예산은 연별예산에 대한 이정표와 같다고 생각하면 돼. 다음의 실적 D(Do)는 현실적인 업무 활동을 뜻해. 그달의 활동 결과는 월별결산서에 정리되지. 재무상태표, 손익계산서, 현금흐름표뿐만 아니라 원가계산서, 이익관리표 등도 중요한 월별결산서야. 평가 C(Check)는 실적과 예산 또는 표준원가*를 대조해 차이를 분석하여 회사가 안고 있는 과제를 명확히 하는 작업이야. 마지막으로 개선 A(Action)는 명확해진 과제를 시정하는 활동임과 동시에 다음 PDCA 사이클로 이어지는 첫걸음이기도 해."

"그 PDCA 사이클이 잘 돌아가나요?"

유키 옆에서 아즈미의 설명을 가만히 듣고 있던 유키의 어머니가 갑자기 입을 열었다.

"좋은 질문이군요. 실은 그것이 문제입니다. 유키 양의 어머니가 말씀하신 것처럼 PDCA는 교과서에 쓰여 있듯이 회전하지 않기 때문입니다."

★ 원가 발생을 조정하기 위해 과학적으로 요구되는, 목표가 되는 원가를 말한다. 목표의 난이도에 따라 이상표준원가(기술적으로 가능한 최고의 효율을 전제로 한 원가), 현실적 표준원가(노력하면 달성 가능한 원가), 그리고 정상표준원가(과거의 실적에서 적절하지 못한 상태를 배제한 원가)가 있다.

"어째서인가요?"

유키는 혼자 남겨진 기분이었다.

"방금 나는 월별결산 결과와 예산이나 표준원가를 대조해 차액을 분석하여 회사가 안고 있는 과제를 명확히 해야 한다고 말했어. 하지만 금액의 차이만으로 그 원인이 되는 현장의 과제를 명확히 할 수는 없어. 평가의 C가 개선의 A로 이어지지 않는다는 이야기야."

차이의 원인을 분석할 수 없고, 그 결과가 개선의 A로 이어지지 않는다면 PDCA 사이클은 회전하지 않는다. 그렇다면 월별결산을 할 필요가 있을까? 유키의 머릿속은 더욱 혼란스러워졌다.

아즈미가 말을 이었다.

"한 번 더 회계가 무엇인지를 생각해봤으면 해. 회계는 어디까지나 회계규칙으로 표현된 요약자료이자 근사치에 지나지 않아. 사업계획이나 월별계획을 회계수치로 바꿔놓은 것이 연별예산과 월별예산이야. 그리고 실제의 활동 결과를 회계수치로 바꿔놓은 것이 월별결산 수치야. 모두 요약된 자료이자 근사치란 뜻이지. 이들을 비교해도 사실에 접근할 수는 없어. 따라서 금액을 비교하지 말고 그 배후에 있는 사실을 비교해야 하는 거야."

"그래도 금액의 차이를 분석하는 데 의미가 있지 않을까요?"

유키는 아직도 이해가 되지 않았다.

"내 말을 잘 들어봐. 회계정보는 정해진 계정과목과 금액으로 표현된 것에 지나지 않아. 예산금액과 결산금액을 비교해 그 차이를 밝혀도 발생 원인까지 알 수는 없어. 다시 한번 말하지만, 비교해야 할 것은 그 금액의 배후에 있는 사실이지 금액의 차이가 아니야. 금액만 비교해서는 아무것도 분석할 수 없어."

유키의 머릿속이 조금씩 정리되기 시작했다. 다시 말해 PDCA 사이클이 효과적으로 제 기능을 하려면, 예산과 실적의 배후에 있는 현장에서 '계획한 작업'과 '실제의 작업'을 비교하는 게 가장 중요하다는 것이었다.

경영 비전을 갖고

"PDCA 사이클은 1개월 또는 1년 단위로 완결되는 게 아니야. 영원히 계속되는 사이클이라고 할 수 있어."

유키는 또다시 머리가 혼란스러워졌다. 이달의 PDCA 사이클의 결과가 다음 달 PDCA 사이클의 P(계획)에 영향을 미치는 것은 이해할 수 있다. 매달의 PDCA 사이클이 연간목표를 지향하는 것도 이해할 수 있다. 그렇지만 아즈미는 영원히 계속된다고 말하는 게 아닌가. 유키는 '영원'이라는 말이 마음에 걸렸다.

"영원히 계속된다는 말은 어떤 의미인가요?"

"PDCA 사이클은 회사가 존속하는 한 고차원적인 목표를 지향하면서 나선계단 형태로 반복된다는 거지. 하늘을 향해 세워진 바벨탑

PDCA 사이클

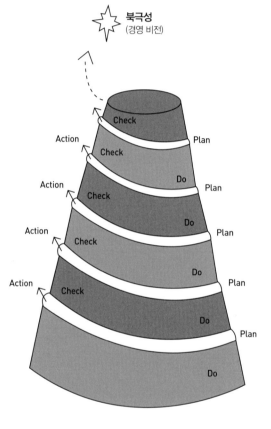

PDCA 사이클은 경영 비전을 향해 나선계단 형태로 영원히 계속된다

의 계단처럼 말이야."

"바벨탑이라고요?"

"PDCA 사이클은 영원히 계속돼. 1년 후의 목표는 3년 후의 목표를 위한 이정표에 지나지 않아. 3년 후는 5년 후의 이정표와 같고 말이야. 그럼 하나의 PDCA 사이클은 어디를 향하고 있을까? 그 사이클은 유키 양이 실현하고자 하는 목표를 향해 움직이고 있어. 다시 말해 경영자인 유키 양은 앞서가는 명확한 경영 비전*을 갖고 있어야만 한다는 말이야."

유키는 당혹감을 감추지 못했다.

"경영 비전이라······."

"북극성이라고 생각하면 돼."

유키는 그 의미를 알 수 없었다.

"북극성은 일단 제쳐두고, 유키 양은 한나를 어떤 회사로 만들고 싶은 거지?"

"현재는 여러 브랜드로 사업을 하고 있지만 개인적으로는 부인복 패션을 특화하고 싶어요. 우리 브랜드 옷을 입는 것만으로도 '행복해요' 하며 감동할 수 있는 그런 옷을 만드는 회사가 되었으면 좋겠어요. 일하는 여성에게 자신감을 주고, 자신감을 잃었을 때는 격려가

★ 이런 회사가 되고 싶다는 회사의 의지이며 달성목표를 말한다. 이는 추상적인 목표다. 그러나 그저 앞뒤 생각 없이 무턱대고 앞만 보고 달린다고 해서 목표를 달성할 수는 없다. 달리기 전에 거시적인 관점에서 경쟁자들을 굴복시킬 수 있는 방책을 검토할 필요가 있다. 무엇을 실행하고 무엇을 실행하지 않을지를 분명히 밝혀 두는 것이다. 이를 '경영전략'이라고 한다. 이와 같은 중기적인 목표와 경영전략의 입안, 이익계획을 중기경영계획이라고 한다.

경영 비전과 행동계획(전국시대의 예)

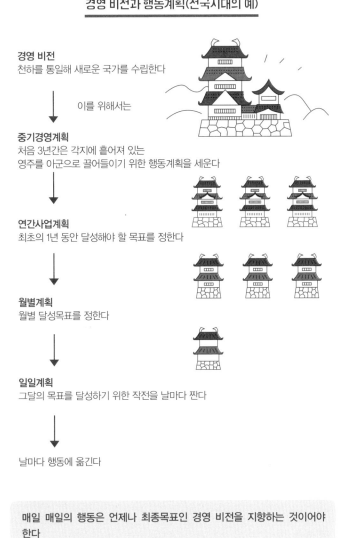

경영 비전
천하를 통일해 새로운 국가를 수립한다

이를 위해서는

중기경영계획
처음 3년간은 각지에 흩어져 있는
영주를 아군으로 끌어들이기 위한 행동계획을 세운다

연간사업계획
최초의 1년 동안 달성해야 할 목표를 정한다

월별계획
월별 달성목표를 정한다

일일계획
그달의 목표를 달성하기 위한 작전을 날마다 짠다

날마다 행동에 옮긴다

매일 매일의 행동은 언제나 최종목표인 경영 비전을 지향하는 것이어야
한다

되는 옷을 만들고 싶어요."

그때 가만히 이야기를 듣고 있던 유키 어머니가 끼어들었다.

"가족여행으로 뉴욕에 갔을 때, 유키가 맨해튼의 오피스 거리에서 가벼운 옷차림으로 길을 걷고 있는 여성을 보고는 감동하더군요. '엄마, 마치 영화의 한 장면 같아요!'라며 흥분하기도 했어요."

유키가 눈을 빛내며 말했다.

"그 감동이 디자이너가 되고 싶다는 생각을 하게 된 출발점인지도 모르겠어요. 게다가 옷이란 몸에 걸치는 것 이상의 의미를 갖는다는 것을 깨닫게 됐죠."

"유키 양의 꿈, 지향하는 회사의 방향성, 도전적인 목표, 이것들이야말로 훌륭한 경영 비전이라고 할 수 있어."

아즈미는 경영 비전이란 어떤 상황에 직면해도 방향에 편차가 없는 북극성과 같다고 했다. 그러나 유키는 자신의 꿈을 실현할 수 있는 방법도, 거기에 이르기까지의 과정도 알 수 없어 고개를 갸웃했다.

"이해가 안 되면 옛 장수가 품었던 천하통일의 꿈을 생각해봐!"

아즈미는 늘 갖고 다니는 노트에 몇 개의 성을 그렸다.

"전국시대의 장수가 천하통일을 달성한 뒤 그때까지의 낡은 습관을 버리고 새로운 국가를 세우기로 결의를 했다고 가정하자(경영 비전). 이 목적을 달성하는 데는 적잖은 시간이 필요해. 그래서 처음 3년 동안은 각지에 여기저기 흩어져 있는 영주를 아군 진영으로 끌어들이기 위한 행동계획을 세우는 거야(중기경영계획). 그 다음에 최초의 1년 동안 달성해야 할 목표를 정하는 거지(연간사업계획). 예를 들어 적의 중심이 될 만한 영주를 정해 그의 성을 함락할 구체적인 행동계획을 세우는 거야. 그리고 이를 위한 월별 달성목표를 정하는 거지(월별계획). 그달의 목표를 달성하기 위한 작전을 날마다 짜는(일일계획) 한편, 이 계획을 행동으로 옮기는 거야. 경영도 이와 같아."

"그날그날의 활동은 언제나 최종목표인 경영 비전을 지향해야 한다는 뜻이군요."

유키는 자신의 꿈을 실현할 첫걸음이 바로 이 순간이라는 것을 깨달았다.

경영계획에서 회계의 자리 매김

유키는 잘 이해되지 않는 부분이 또 하나 있었다. 이 경영계획에 회계가 어떻게 관계하는가 하는 문제였다.

아즈미는 그에 대해 이렇게 설명했다.

"계획은 꿈이야. 그러나 꿈을 쫓기만 해서는 그림의 떡이 될 수밖에 없어. 그래서 등장한 것이 회계야. 구체적인 행동계획을 회계에 반영해 그 계획이 그림의 떡인지 아닌지를 검증하는 거지. 정말로 이익을 가져오는 계획인지, 현금이 계속 증가하는지, 현금이 바닥나 계획이 좌절되지는 않을지를 회계기법으로 검증해보는 거야. 만약 적자거나 현금이 바닥나면 그 계획은 그림의 떡이 될 수밖에 없어. 시뮬레이션을 통해 몇 번씩 재검토함으로써 수긍할 수 있는 계획이 완성되는 거지. 다시 말해 회계는 현금흐름과 이익개념을 사용해 행동계획의 실행가능성을 검증하는 도구인 셈이야."

시곗바늘이 10시를 가리켰다. 세 사람이 식사를 모두 마쳤을 무렵, 유키 어머니가 준비한 프랑스산 화이트와인을 아즈미에게 권했다.

"식사 후에 한잔 어떠세요?"

아즈미는 와인 병을 집어 들고 라벨을 유심히 들여다봤다.

"샤토 디켐입니까? 감미로운 귀부(貴腐, 귀하게 썩은 포도라 하여 '귀부 포도'라고 하며, 최상품 화이트와인의 원료가 된다) 와인의 최고봉이군요. 훌륭합니다."

아즈미는 얼굴 가득 미소 지으며 샤토 디켐을 자신의 잔에 넘치도록 따랐다.

회계 시스템을 재구축하는 이유

회계 시스템을 재구축하기 위해서는 상당한 비용이 든다. 그런데도 경영자가 회계 시스템에 막대한 비용을 투자하는 이유는 다음과 같다.

1. 경리비용의 삭감

세무신고나 주주총회를 위해서만 결산서가 필요하다고 보는 회사에서는 월별결산을 연별결산을 하기 위한 작업 정도로밖에 생각하지 않는다. 따라서 월별결산이 조금 늦게 마감돼도 걱정하지 않는다. 하나의 경리부뿐만 아니라 20년 전만 해도 대부분의 회사는 이와 같은 가치관을 갖고 있었다. 하지만 이런 회사라도 회계 시스템을 재구축하는 데 막대한 비용을 들이는 경우가 있다.

고객이 늘고, 공장이 증가하고, 지점영업소가 증가하게 되면 결산업무는 이중 삼중으로 복잡해진다. 동시에 경리부의 일도, 사람도, 잔업도 늘어나기 마련이다. 하지만 결산서나 세무신고서 작성과 같은 업무는 가치를 창출하는 일이 아니다. 때문에 경리비용을 삭감할 목적으로 회계 시스템의 재구축이 이루어진다.

2. 월별결산의 조기화와 경영(이익관리) 목적

경영에서 개인의 뛰어난 직감력과 경험을 대신할 것은 없다. 그러나 회사의 규모가 커지면 개인의 능력만으로는 한계에 부딪히게 된다. 따라서 PDCA 사이클 구조가 필요해진다. 다시 말해 월별업적을 가능한 한 빨리 파악하고 목표달성을 위해 적절한 행동을 취할 수 있는 체제가 필수적으로 구축되어야 하기 때문에 회계 시스템을 재구축하는 것이다.

제5장

만두 가게와
프랑스 고급 레스토랑,
어느 쪽이
더 돈벌이가 될까?

만두 가게와 프랑스 고급 레스토랑의
장사 방법

이번에 유키와 아즈미가 만나기로 한 약속장소는 역 근처에 있는 만두 가게다. 빈말이라도 깨끗하다고 할 수 없는 가게 안은 빈자리가 없을 만큼 손님들로 붐볐다. 사람들에게 인기가 무척 많은 곳이었다. 아즈미와 유키는 서로 마주보고 앉았다. 제복인지 평상복인지 구분이 안 되는 꾀죄죄한 옷을 입은 점원이 다가와 강한 중국어 사투리가 섞인 일본어로 무뚝뚝하게 주문을 받았다.

"뭘 드시겠습니까?"

만두는 군만두, 튀김만두, 물만두 이렇게 세 가지 종류가 있고 만두소에 들어가는 재료에 따라 그 종류가 또 나뉜다고 했다.

"이 가게에서 가장 인기 있는 것은 물만두지만 골고루 먹어볼까?"

아즈미는 기분 좋게 메뉴에 있는 만두를 종류별로 골고루 주문했다. 10분 정도 지나자 큰 접시에 가득 담긴 만두가 나왔다.

유키는 물만두를 집어 입에 넣었다. 그러자 만두피가 터지면서 육즙이 흘러나와 담백한 맛이 입안으로 퍼졌다. 돼지고기 냄새도, 마늘 냄새도 나지 않았다. 이 가게 분위기와는 전혀 어울리지 않는 품위 있는 맛이다. 두 개째 만두를 집으려고 하자, 여기저기 이가 빠진 만두접시가 눈에 들어왔다. 자세히 보니 플라스틱으로 만들어진 개인 접시도 거무스름했다. 테이블은 흠투성이였고, 의자도 삐거덕삐거덕 흔들렸다. 그런데도 가게 앞에는 손님이 장사진을 이루었다.

"지난번에 선생님과 갔던 프랑스 고급 레스토랑과는 분위기가 전혀 다르군요."

유키는 아즈미가 이런 가게를 알고 있다는 사실에 놀랐다.

"유키 양은 프랑스 고급 레스토랑과 이 만두 가게 중 어느 쪽이 더 돈벌이가 될 거라고 생각해?"

유키는 가게의 특징을 비교해봤다. 우선 가격을 따져봐야 한다. 만두는 프랑스 요리와 비교해 압도적으로 싸다. 아마도 대략 10분의 1 정도일 것이다. 다음은 고객의 수다. 이건 더 생각해볼 것도 없이 만두 가게 쪽이 훨씬 많다. 다시 말해 이 두 가게는 장사하는 방법이 전혀 다르다. 만두 가게는 박리다매로 장사를 하기 때문에 상품가격을 올리면 손님의 발길이 뚝 끊길 것이다. 적은 이익을 보고 장사를 하기 때문에 실내 장식이나 식기에 돈을 들이지 않는 것이다. 점원은 오로지 주문을 받고 요리를 나를 뿐이다. 대부분 아르바이트생일 것이다. 정식 직원을 쓰면 인건비가 더 들 것이기 때문이다.

반면, 프랑스 고급 레스토랑은 이와는 정반대다. 홀 전면에 깔린 융단은 마치 부드러운 잔디 위를 걷는 듯 푹신했다. 입구에 장식된 장미꽃, 벽에 걸려 있는 중후한 회화를 보는 것만으로도 일상의 스트레스가 싹 사라질 정도다. 그곳은 일상과 전혀 다른 공간으로 연출되어 있다. 테이블 위에 놓인 접시도, 포크도, 잔도 모두 한 점의 티도 없이 윤기가 났다. 점원 역시 하나같이 예의 바르고 청결했다. 그 가게를 유지하는 데는 상당히 많은 돈이 들 것이다.

마지막으로 요리 재료의 원가를 생각해봤다. 만두의 재료비는 비싸다고 할 수 없다. 가게유지비가 적게 든다고 해도 만두 가격이 낮게 유지되므로 총이익(만두 대금에서 재료비와 가게유지비를 차감한 금액)이 적을 것이라는 생각이 들었다.

그렇다면 레스토랑은 어떨까? 프랑스산 푸아그라와 사슴고기, 신선한 새우 등 어느 요리의 재료를 보더라도 비싼 것임에 틀림없다. 다만 요리 대금에서 재료비가 차지하는 비율이 만두 정도는 아니다. 만두가 재료비의 2배를 요리 가격으로 받는 데 반해, 프랑스 요리는 5배 정도를 받을 것이다. 그러나 만두 가게는 가게유지비가 적게 든다. 그렇다면 어느 쪽이 더 돈벌이가 될까? 유키의 머리는 혼란스러웠다.

한계이익과 고정비를 알면
회사의 이익구조를 알 수 있다

"강의를 시작해볼까? 오늘은 회사의 이익구조를 대략적으로 파악하는 방법을 가르쳐줄게. 유키 양도 느꼈겠지만, 이 만두 가게는 박리다매로 운영되고 있어. 만두 한 접시를 팔아도 이렇다 할 이익을 올리지는 못해. 따라서 이 가게 주인은 많이 팔 것, 그리고 가게유지비를 최소로 줄일 것을 원칙으로 하고 있어. 여기서 유키 양에게 질문을 하나 하지. 그럼, 만두 몇 개를 팔아야 이익이 발생할까?"

유키는 당황했다.

"세밀히 계산해보지 않으면 잘 모르는 거 아닌가요?"

"하지만 회계를 사용하면 간단히 알 수 있어."

아즈미는 노트에 크게 '한계이익' '고정비'★라고 썼다.

"이 둘의 개념을 이해할 수 있으면 회사의 이익구조가 보일거야."

아즈미는 이렇게 말한 뒤 설명을 시작했다.

노트에 적힌 한계이익의 본래 의미는 제품을 추가로 한 개 팔았을

★ 생산설비, 직원 수, 판매체제 등 경영을 하는 능력이 일정하다고 했을 때 그 이용도를 조업도(가능한 생산능력에 대한 실제 생산량의 비율)라고 한다. 조업도를 측정하기 위해 기계시간, 생산량, 직접 작업시간, 매출액 등이 이용된다. 이 조업도의 증감이 어떻게 변화하는가에 따라 이를 고정비와 변동비로 구분한다. 시간과 생산량은 제조원가에, 매출액은 판매비나 관리비에 사용된다. 이 책에서는 오로지 매출액에 대해서만 변동비와 고정비를 구분한다.

한계이익과 고정비로 이익구조를 알 수 있다

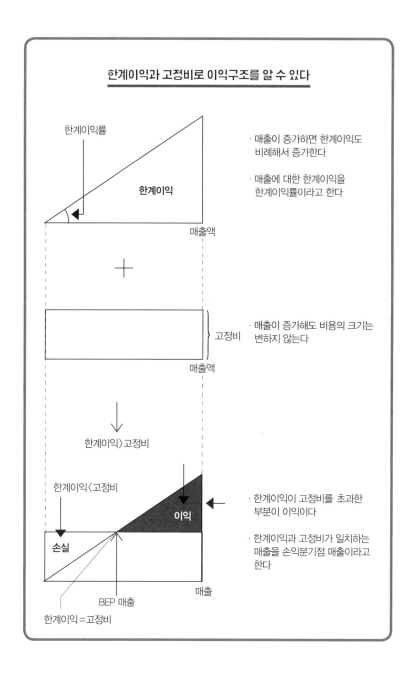

한계이익률

한계이익

매출액

· 매출이 증가하면 한계이익도 비례해서 증가한다

· 매출에 대한 한계이익을 한계이익률이라고 한다

+

고정비

매출액

· 매출이 증가해도 비용의 크기는 변하지 않는다

한계이익〉고정비

한계이익〈고정비

이익

손실

· 한계이익이 고정비를 초과한 부분이 이익이다

· 한계이익과 고정비가 일치하는 매출을 손익분기점 매출이라고 한다

BEP 매출

매출

한계이익＝고정비

경우 이익이 추가적으로 증가하는 양을 뜻한다. 간단히 말해, 만두 한 접시의 매출이 가져오는 추가적 이익을 말한다(추가적이란 의미에 주의).

회계에서 한계이익이란 '매출금액에서 변동비(재료비)를 차감한 금액'을 뜻한다. 다시 말해 만두의 매출에 비례해서 증가하는 재료비를 뺀 금액이 이 가게의 한계이익이다. 매출이 증가 또는 감소해도 변하지 않는 비용이 있다. 점원의 인건비나 가게세 등의 가게유지비가 그것이다. 이를 고정비라고 한다.

"이 한계이익과 고정비를 알면 회사의 이익구조를 알 수 있어."

아즈미는 유키의 노트에 직각삼각형과 직사각형을 그렸다. 직각삼각형은 한계이익, 직사각형은 가게유지비(고정비)를 나타낸다. 두 개의 그림에서 가로축은 매출액, 세로축은 한계이익과 고정비다. 매출액이 증가하면 한계이익은 일정한 비율로 증가한다. 이 관계를 나타낸 것이 직각삼각형이다. 한편, 가게세나 종업원에게 지급하는 급료, 또는 전기료 등과 같은 가게유지비는 매출액과는 관계없이 대개 고정적이다. 따라서 직사각형으로 나타낼 수 있다.

그림을 그린 후 아즈미가 말했다.

"직각삼각형을 직사각형에 덮어씌워볼까? 자, 여기에서 이렇게 돌출된 부분이 이익이야."

상품 매출로 발생하는 한계이익이 가게유지비(고정비)를 초과한 부분은 이익이 되고, 반대로 고정비가 한계이익을 웃도는 부분은 손실이 된다.

손익분기점 매출을 계산해보자

유키는 문득 이전에 공부한 온도계 이야기가 생각났다. 매출액과 비용은 각각 계산되고, 이익은 그 차액이라는 개념이다. 이 그림도 사고방식은 같았다. 단, 매출액 대신에 매출액에서 재료비를 차감한 한계이익을 사용한다는 것이 다를 뿐이다.

"한계이익과 고정비가 일치하는 점의 매출을 손익분기점Break Even Point/BEP 매출이라고 해. 매출과 비용이 일치해 이익이 제로가 되는 매출이라는 뜻이지."

"회사는 우선 이 매출액을 목표로 해야겠군요."

"맞아! 시험으로 치자면 최저합격점(합격선)이라고 해야겠지."

"손익분기점 매출을 찾아낼 방법은 있나요?"

유키는 한나의 손익분기점 매출을 알고 싶은 충동에 사로잡혔다. 현재의 매출누계에 앞으로 얼마의 매출을 추가하면 이익이 발생하는지를 알 수 있기 때문이다.

아즈미는 유키의 궁금증을 풀어주었다.

"고정비를 한계이익률(한계이익÷매출액)(매출액에 대한 한계이익의 비율)로 나누면 손익분기점 매출을 계산할 수 있어."

예를 들어 만두의 한계이익률이 50퍼센트, 가게유지비가 한 달에 100만 엔일 경우, 손익분기점은 200만 엔(100만 엔÷0.5)이 된다. 다시 말해 만두를 매월 200만 엔 이상 팔면 이익이 발생한다는 이야기다. 다른 말로 표현하면, 고정비와 같은 액수의 한계이익을 창출하는 매출액이 손익분기점 매출이라는 것이다.

유키는 직각삼각형의 각도(한계이익률)와 직사각형의 높이(고정비)가 다르면 손익분기점도 다르다는 것을 깨달았다. 프랑스 고급 레스토랑과 만두 가게는 이 두 가지 점이 다르다.

유키는 뭔가 개운하지 않았던 점이 한꺼번에 풀리는 기분이었다. 한계이익률에 대해 말하자면, 프랑스 요리는 만두보다 비싸다(판매가격에 비해 재료비는 적다). 그러나 가게유지비(고정비)는 훨씬 많이 든다. 유키는 두 가게의 직각삼각형과 직사각형의 서로 다른 모습을 노트에 그려봤다.

유키는 아즈미의 질문에 간신히 답할 수 있을 것 같았다.

"삼각형의 각도가 가파른 만큼 레스토랑 쪽이 더 돈벌이가 된다고 생각하는데요."

유키는 삼각형의 돌출된 부분이 이익이기 때문에 가게 이익의 크기를 결정하는 것은 한계이익률이라고 생각했다.

"그러나 프랑스 고급 레스토랑은 식사뿐만 아니라, 즐거운 시간을 보낼 수 있도록 가게유지비에 많은 비용을 들이고 있어. 그러니까 한계이익을 높이는 데 힘을 기울이고 있다고도 볼 수 있지."

아즈미는 한계이익률이 높아 돈벌이가 되는 게 아니라, 그 한계이익률을 높이지 않으면 장사를 할 수 없다고 말했다.

프랑스 고급 레스토랑은 한 테이블에 하루 한 팀의 손님밖에 받지 않는다. 더욱이 테이블 수는 한정되어 있다. 게다가 언제나 모든 테이블이 손님들로 채워진다는 보장도 없다. 단가를 올려 한계이익률을 높이지 않으면 장사가 안 되는 것이다. 술이 그 적당한 예다. 샴페인을 비롯해 요리에 맞춰 화이트와인이나 레드와인을 권하고, 마지막으로 식사 후에 마시는 달콤한 술을 권한다. 주의하지 않으면 술값이 식대를 초과할 수도 있다.

다시 말해 유지비가 많이 들고 한계이익률이 높은 프랑스 고급 레스토랑의 경우 매출액이 손익분기점을 넘으면 이익은 큰 폭으로 증가하지만 반대로 손익분기점을 밑돌면 적자도 단번에 증가한다.

한계이익률이 낮고 고정비가 적은 만두 가게는 어떨까? 만두 가게는 매출액이 적으면 장사를 할 수 없다. 그리고 인기가 없으면 일순간에 망할 수도 있다. 그러나 매출이 증가하면 유지비가 적게 드는 만큼 바로 이익으로 직결된다. 다소 매출이 떨어져도 이익의 감소가 적다. 이러한 차이는 두 가게의 비즈니스 방법이 전혀 다르기 때문에 발생하는 것이다.

그러나 유키는 한편으로 이러한 차이가 프랑스인과 중국인의 역사가 다르기 때문에 생기는 것인지도 모른다고 생각했다. 만두 가게 주인은 불황이 닥치면 손실을 줄일 방법을 생각한다. 프랑스 고급 레스토랑 주인은 불황에도 압도적인 차별화 전략으로 고객을 끌어들이려고 할 게 분명하다.

"유키 양은 한나를 어떤 이익구조의 회사로 만들고 싶은 거지?"

아즈미가 묻자, 유키는 확고한 태도로 말했다.

프랑스 고급 레스토랑과 만두 가게는 이익구조가 다르다

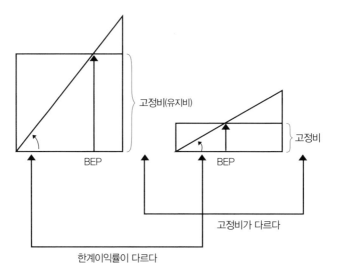

프랑스 고급 레스토랑의 이익구조

만두 가게의 이익구조

고정비(유지비)

고정비

BEP

BEP

고정비가 다르다

한계이익률이 다르다

프랑스 고급 레스토랑은 매출액이 BEP를 넘으면 이익이 큰 폭으로 증가하는 데 반해, 매출이 감소하면 채산이 일거에 악화된다. 한편 만두 가게는 적은 매출로도 이익이 발생하지만, BEP를 넘어도 이익이 그다지 증가하지 않으며 BEP를 밑돌아도 손실이 크지 않다. 다시 말해 비즈니스를 하는 방법이 전혀 다르다는 의미다

"한계이익률이 높고 유지비가 적은 회사를 만들고 싶어요. 다시 말해 간단히 이익을 낼 수 있는 회사로 하나를 변화시키고 싶어요."

유키는 사업의 요령을 약간 터득한 듯한 기분이 들었다.

두 사람 앞에 수북이 놓여 있던 만두가 모두 사라졌다.

"다음 과제는 어떻게 하면 유키 양의 소원을 실현할 수 있는가 하는 거야. 다음 강의 때는 '보이지 않는 현금제조기'의 이야기를 들려줄게. 프랑스 고급 레스토랑형 경영 모델이야. 분명히 참고가 될 거야."

아즈미는 이렇게 말하며 마지막 남은 만두 한 개를 먹어치웠다.

한계이익과 CVP 도표

매출액에서 변동비를 차감한 금액을 한계이익(공헌이익)이라고 하고, 고정비Cost와 매출액Volume과 한계이익Profit의 관계를 나타낸 그림을 CVP 도표라고 한다.

변동비란 영업량에 따라 변동하는 비용을 말한다. 영업량에는 제품의 판매량, 매출금액, 제품의 생산량, 기계의 가동시간이나 작업시간 등 여러 가지 척도가 있는데, 다시 말해 변동비의 범위는 어느 척도를 사용하느냐에 따라 달라지기 때문에 한계이익도 한 개가 아니다. 이와는 달리, 영업량과는 관계없이 대개 고정적으로 발생하는 비용을 고정비라고 한다. 회사의 유지비는 고정비로 볼 수 있다.

본문에서 아즈미는 변동비를 매출액과 비례관계를 갖는 변동비(재료비, 외주비 등)에 한정했다. 이렇게 함으로써 한계이익의 성격을 더 알기 쉽게 설명할 수 있다. 매출액(외부에서 들어오는 돈)과 진정한 변동비(매출에 비례해 외부로 나가는 돈)의 차액인 한계이익은 그 거래를 통해 회사로 들어오는 현금의 증가분이라고 할 수 있기 때문이다. 실무에서도 변동비를 비례비라는 말로 바꾸어 매출액에서 비례비(재료비와 외주비)를 차감해 한계이익을 계산하는 회사들이 있다.

최근에 제약 이론TOC에서 파생된 '현금창출회계Throughput Accounting'가 전 세계적으로 붐을 일으키고 있다. 여기서 스루풋Throughput(처리율)이란 매출액에서 진정한 변동비(재료비, 외주비 등)를 차감한 금액을 말하는데, 이는 아즈미가 말한 한계이익과 같은 개념이다. 스루풋에서 업무비용을 차감한 금액은 이익이다. 여기서 말하는 업무비용은 진정한 변동비 이외의 비용을 뜻한다.

연습문제

한계이익과 고정비의 형상을 보고 그 회사의 이익구조와 업종을 분별하는 연습을 해보자.

문제1 A~D의 CVP 도표를 보고 호텔(숙박에 한함), 봉제회사, 제철회사, 베트남의 제조회사는 어딘지 생각해보라.

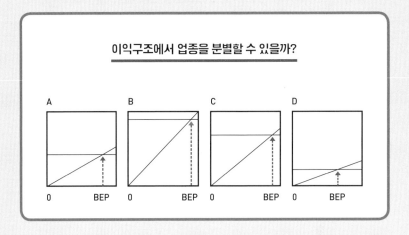

이익구조에서 업종을 분별할 수 있을까?

| 힌트 |

① 비즈니스 호텔의 비용 대부분은 고정비로 변동비는 불과 얼마 되지 않는다. 따라서 숙박하기 하루 전날에 예약하면 훨씬 싸게 묵을 수도 있다.

② 봉제회사에서 주로 사용하는 기계는 업무용 재봉틀 정도로 값이 그다지 비싸지 않다. 작업의 대부분은 그 지방의 여성 노동력에 의존하고 있다.

③ 제철회사는 막대한 설비투자자금이 필요할 뿐만 아니라 유지비도 많이 든다. 더욱이 용광로를 멈출 수는 없다.

④ 베트남 노동자의 임금은 한 달에 1만 엔 이하다. 그 임금은 판매가격의 1퍼센트 정도에 지나지 않는다. 그러나 아직 재료를 수입에 의존하고 있는 관계로 한계이익률은 높지 않다.

고정비가 적은 봉제회사와 고정비가 적고 한계이익률도 낮은 베트남의 제조회사는 곧바로 짐작할 수 있을 것이다. 핵심은 호텔과 제철회사의 차이점이다. 호텔 숙박 부문에 드는 변동비는 극히 적은 액수다. 제철회사도 변동비율이 낮지만 호텔 정도는 아니다. 이와 관련해 호텔이 숙박일 직전에 할인을 하는 이유는 매출금액 대부분이 그대로 이익의 증가로 이어지기 때문이다(호텔업계에서는 이를 레비뉴 매니지먼트Revenue Management라고 부르며, 적극적으로 추진하고 있다).

| 해답 |
호텔은 B, 봉제회사는 A, 제철회사는 C, 베트남의 제조회사는 D이다.

문제 2 한나는 구조조정 결과, 매출액이 감소했다. 하지만 한계이익률이 개선되고 유지비도 감소했기 때문에 결과적으로 이익은 증가했다. 이를 CVP 도표를 사용해 설명해보라.

구조조정으로 한나의 이익구조는 어떻게 변했을까?

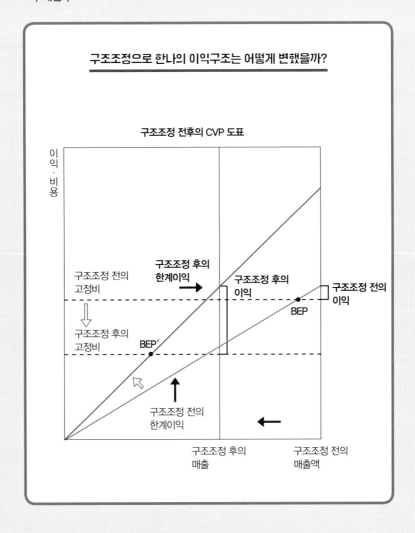

구조조정 전후의 CVP 도표

이익·비용

구조조정 전의
고정비

구조조정 후의
고정비

구조조정 후의
한계이익

구조조정 후의
이익

구조조정 전의
이익

BEP′

BEP

구조조정 전의
한계이익

구조조정 후의
매출

구조조정 전의
매출액

제6장

샤넬은 왜 비쌀까?

고급 와인이 잘 팔리는 이유

길을 사이에 두고 세계 유명 브랜드 지점들이 줄지어 서 있고, 빌딩의 여기저기에서 피아노나 바이올린 연주 소리가 들려왔다.

아즈미가 정한 오늘의 약속장소는 이 거리에 있는 와인 레스토랑이다. 이 레스토랑은 인접한 상점에서 마음에 드는 와인을 사다가 마실 수 있도록 하고 있어 와인 애호가들에게 인기가 많았다.

유키는 약속시간보다 5분 늦게 도착했다. 그런데 언제나 약속시간을 잘 지키던 아즈미의 모습이 보이지 않았다. 주위를 둘러보니 저쪽에서 와인을 한 손에 쥔 아즈미가 손을 흔들면서 걸어왔다.

"아, 늦어서 미안! 유키 양에게 권하고 싶은 레드 와인을 찾는 데 시간이 걸렸지 뭐야."

아즈미는 어린아이 같은 미소를 지었다.

"샤토 로장 세글라. 프랑스 보르도 지방 마고 마을에서 생산된 2등급 와인이야. 향이 뛰어나고 타닌(떫은맛)이 가득해 강한 맛을 느낄 수 있어. 유키 양도 잘 아는 그 유명한 복식 디자이너인 코코 샤넬의 소유주가 만들어내는 와인이지."

소믈리에가 와서 진한 자줏빛 와인을 잔에 따르자 과일 향이 퍼졌다. 유키는 마시고 싶은 마음을 억누르고 근황을 설명했다.

회사 실적은 순조롭게 향상되고 있지만 여전히 제품 재고가 많다. 지난주에도 팔다가 남은 재고를 바겐세일로 처분했지만 그 판매가는 눈물겨울 정도로 쌌다. 개중에는 정가의 20퍼센트로 떠넘기다시피 한 제품도 있다.

"결국 신사복이 남게 됐어요."

"유키 양이 지향하는 회사는 바겐세일 제품을 만드는 제조업체야, 아니면 샤넬이야?"

아즈미는 미소를 띠면서도 할 말은 다했다. 그리고 뭔가 말하려는 유키를 가로막고 이야기를 계속했다.

"샤넬 제품은 왜 비쌀까? 품질과 디자인이 뛰어나서일까, 아니면 소비자의 허영심을 부추겨서일까? 그것도 아니면 소유주가 직접 만들어서일까?"

유키는 모두 맞는 말이라고 생각했다.

샤넬 매장에는 터무니없을 정도로 비싼 제품들이 진열돼 있다. 그러나 그 제품들은 날개 돋친 듯이 팔린다. 샤넬의 바겐세일이란 이야기는 들어본 적도 없다. 제품이 뛰어나고, 디자인이나 품질도 트집 잡을 게 없다. 사람들은 샤넬 제품을 몸에 걸치는 것만으로도 마음이 들뜬다고 한다. 도대체 어떻게 된 일일까?

와인도 마찬가지다. 지금 유키와 아즈미가 마시고 있는 샤토 로장 세글라의 가격은 일반 와인과는 비교가 되지 않을 만큼 격이 다르다. 그런데도 손님들은 이 와인을 산다.

"일본에서도 이와 같은 와인을 만들고 싶어 하지만 이것은 간단한 문제가 아니야. 이 와인이 훌륭한 이유는 프랑스 보르도에 있는 마고 마을의 특수한 토양과 기후, 재배기술, 양조방법이 종합된 결과야. 그러나 이 와인이 비싸게 팔리는 이유는 그것만이 아니야. 피나는 노력을 거듭해서 브랜드 가치를 높인 결과라고 해도 좋아. 유키 양의 회사와는 모든 게 달라."

유키는 그런 유명한 회사와 한나를 비교해서는 안 된다고 생각했다. 한나는 중소기업이 아닌가? 유키는 뾰로통한 표정을 지었다.

이 모습을 본 아즈미가 말했다.

"유키 양의 얼굴을 보니 지금 무슨 생각을 하는지 알겠군. 하지만 유키 양은 경영자로서 샤넬 같은 회사의 자세를 배워야 해."

유키가 작은 소리로 말했다.

"팔다가 남은 제품 재고가 줄어들면 경영자는 편해지겠지만……."

"왜 바겐세일로 처분해야 할 정도의 제품 재고를 떠안게 된 걸까?"

유키는 즉시 대답했다.

"팔리지 않는 제품이 너무 많기 때문이에요."

"그렇다면 왜 팔리지 않는 제품을 만드는 걸까?"

"……."

"이전에 유키 양에게 고객의 욕구를 제대로 파악하지 못해 물건이 팔리지 않는 것이라고 말한 적이 있을 거야. 분명히 말할게. 고객의 욕구를 제대로 파악하지 못하는 것은 유키 양이나 디자이너가 자신이 없기 때문이야. 자신이 없으니 제품의 종류와 브랜드 수를 자꾸 늘리는 거야. 그중 어느 하나만 적중하면 된다고 생각하고 있어. 하지만 그래서는 소비자에게 받아들여질 리 없어."

제품이 팔리지 않으면 사업을 계속할 수가 없다. 그렇다고 해서 밑져야 본전이라는 생각으로 제품의 종류를 늘리면 결국 팔다가 남은 재고만 증가할 뿐이다.

"제가 어떻게 하면 좋을까요?"

"제품의 종류를 선정한 후 브랜드 가치★를 높이는 거지. 샤넬처럼 말이야. 유키 양은 일하는 여성에게 도움이 될 수 있는 옷을 만들고 싶다고 했잖아? 부인복에 초점을 맞춰 유키 양의 꿈을 실현하는 거야."

★ 영국에서는 브랜드 가치를 재무상태표에 계상하는 것을 인정하며, 일본에서도 자산으로 계상하려는 움직임이 있다.

브랜드 가치란
보이지 않는 현금제조기다

"기본적인 질문이지만 브랜드 가치가 뭐죠?"

유키는 패션계에 있으면서도 이 의미를 모르는 자신이 한심했다.

"한마디로 표현하면 보이지 않는 현금제조기★야."

이전에 아즈미에게서 고정자산은 현금제조기라고 배웠다. 그런데 이번에는 브랜드 가치가 보이지 않는 현금제조기라고 말하는 것이다.

아즈미가 덧붙였다.

"똑같은 제품이라도 브랜드 가치가 있는 회사는 브랜드 가치가 없는 회사보다 더 많은 현금을 벌어들일 수 있다는 말이야."

고정자산이 재무상태표상의 자산으로서 가치가 있는 이유는, 고정자산이 장기간에 걸쳐 현금을 벌어들일 수 있기 때문이다. 한나의 지방 공장처럼 현금을 벌어들일 수 없게 되면 그 고정자산은 자산으로서의 가치가 없는 것이다. 눈에 보이지 않는 브랜드 가치라고 할지라도 현금을 벌어들일 능력이 있으면 재무상태표에 자산으로 계상하는

★ 브랜드 가치, 비즈니스 모델, 기술력, 인적자원 등 재무상태표에 나타나지 않는 자산(보이지 않는 현금제조기)을 가진 회사는 동일한 업종의 다른 회사와 똑같은 제품이라도 더 비싸게, 또 더 많이 판매할 수 있다. 다시 말해 그 차액만큼 주주가치를 높인다고 볼 수 있다. 이것이 주가를 동일한 업종의 다른 회사보다 끌어올리는 원동력이 된다.

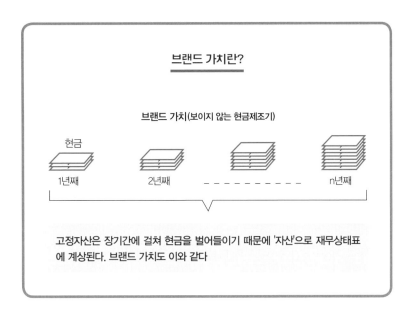

브랜드 가치란?

브랜드 가치(보이지 않는 현금제조기)

현금

1년째   2년째   — — — — — — — —   n년째

고정자산은 장기간에 걸쳐 현금을 벌어들이기 때문에 '자산'으로 재무상태표에 계상된다. 브랜드 가치도 이와 같다

것이 당연하다.

"그렇지만 어떻게 브랜드 가치를 평가하죠?"

유키는 아직도 이해가 되지 않았다.

"브랜드 제품이 논브랜드Non Brand 제품을 웃돌고 장기간에 걸쳐 얼마나 많은 현금을 벌어들이는지로 평가하는 거야."

논브랜드 제품이 벌어들일 수 있는 현금이 1억 엔이라고 가정하자. 그런데 브랜드라는 가치가 있음으로써 2억 엔을 벌어들일 수 있다면, 그 브랜드 가치는 이 둘의 차액인 1억 엔이 된다. 그러나 오늘의 1억 엔과 1년 후의 1억 엔은 그 가치가 다르다. 1년 후의 현금은 리스크를 수반하는 일정 분만큼 가치가 작아진다. 따라서 이 리스크를 할인해서 구한 현재가치가 브랜드 가치가 된다.

"가격 폭락을 막고 팔다가 남는 재고를 없애려면 브랜드 가치가 꼭 필요하겠군요."

유키가 불쑥 말했다.

"샤넬은 오랜 시간을 들여 브랜드 가치를 높여왔어. 그러니 너무 초조해할 필요는 없어."

비즈니스 모델을 만들자

"유키 양은 디즈니 캐릭터들과 언제 어떻게 처음 만났어?"

유키와는 관계없다는 듯한 얼굴로 아즈미가 물었다. 여느 때와 다름없는 엉뚱한 질문이다.

"유치원 다닐 무렵에 아버지께서 사주신 게 처음이에요."

유키는 솔직하게 대답했다.

어릴 적 유키의 방은 캐릭터 상품들로 가득했다. 아버지가 디즈니 캐릭터 상품을 사준 이후로 디즈니 캐릭터가 등장하는 애니메이션이나 실제 배우가 연기하는 영화를 몇 번씩 봤다. 지금도 크리스마스 때가 되면 친구와 함께 디즈니랜드에 간다.

아즈미는 이렇게 말했다.

"유키 양은 전혀 의식하지 못한 채 한 개의 캐릭터에서 태어난 다양한 파생상품들을 구입하고 있는 거야. 정말 대단하지 않아? 이게 월트 디즈니사가 발명한 비즈니스 모델(이익을 창출하는 구체적인 구조)이야."

'비즈니스 모델?'

월트 디즈니사는 만화책이나 애니메이션에 그치지 않고, 관련제품을 잇달아 개발해 사업영역을 넓혔다. 똑같은 캐릭터를 사용해 몇 가지 방법으로 현금을 벌어들이는 구조를 찾아낸 것이다.

아즈미가 말을 이었다.

"돈을 버는 회사에는 우수한 브랜드 가치만 있는 것이 아니라 그 회사만의 독자적인 비즈니스 모델이 있어. 예를 들어 캐논이나 엡손 같은 프린터 제조업체는 프린터 본체의 판매가격을 싸게 억제하는 대신 잉크 카트리지에서 이익을 올리고 있지."

하지만 현재 한나에는 브랜드 가치도 비즈니스 모델도 없다. 일정한 시기가 되면 여느 때와 다름없이 계절을 의식한 옷을 만들어 팔 뿐이다.

'아즈미가 말하는 보이지 않는 현금제조기는 한나에 어떤 변화를 가져올까?'

이것이 궁금해진 유키의 질문에 아즈미가 대답했다.

"한계이익률이 높아지고, 똑같은 옷이라도 비싸게 팔리며, 신제품은 발표와 동시에 모두 팔리게 될 거야."

유키는 왠지 모르게 즐거워졌다.

어느새 샤토 로장 세글라는 빈 병이 됐다.

"유키 양의 꿈을 이루기 위해서 부인복만 남겨 두고 나머지 브랜드는 포기하도록 해!"

아즈미가 여느 때와는 다르게 단호한 어조로 말했다.

브랜드 가치와 비즈니스 모델의 중요성을 이해한 유키는 더는 고민할 시간이 없다는 생각으로 오늘 공부한 내용을 꼼꼼히 노트에 적었다.

"다음에는 가벼운 프랑스 부르고뉴산으로 할까?"

이 말을 남긴 후 아즈미는 또다시 와인 상점으로 향했다.

Key Point

주주가치란?

문제 주주가치가 커서 주가가 높은 걸까? 아니면 주가가 높아서 주주가치가 큰 걸까?

| 해답 |

경영자의 사명은 주주가치를 높이는 데 있다고들 한다. 경영자는 기회가 있을 때마다 주주가치를 향상시킬 것을 약속한다. 하지만 자사의 주주가치를 정확히 아는 경영자는 거의 없다. 주주가치란 개념은 그만큼 이해하기 어렵고, 또한 의미가 미처 정립되지 않은 상태로 사용되고 있는 게 아닌가 한다.

1. 주주가치를 측정하는 두 가지 방법

주주가치를 측정하는 대표적인 방법으로는 ①주식시가총액법(주가에 발행주식수를 곱한 것을 근거로 기업가치를 평가하는 방법)과 ②할인현금흐름법이 있다.

먼저 주식시가총액법을 살펴보자. 이는 시장에서 결정되는 주가로 주주가치를 평가하는 방법으로 간단하고도 합리적인 측정 방법이다. 하지만 이 방법이 합리성을 지니려면 주식시장이 이상적·효율적으로 움직이고 있다는 전제조건이 필요하다. 현실적으로 주가는 업적 이외에도 여러 가지 상황에 영향을 받기 때문에 주가가 주주가치를 나타낸다고 말하기에는 무리가 있다. 시대의 총아로 주목받았던 경영자들은 너나 할 것 없이 '주식의 시가총액이 곧 주주가치다'라며 주가를 끌어올리고자 동분서주했지만 그들의 주장이 틀렸다는 사실이 이내 증명됐다. 주식의 시가총액법으로 주주가치를 측정하기에는 무리가 있었던 것이다.

다음으로 할인현금흐름법은 장래 예측되는 현금흐름을 현재가치로 바꿔 금액으로 나타낸 것을 기업가치로 생각하는 방법이다. 이 기업가치에서 부채를 차감한 차액이 주주가치다. 덧붙여 말하면 주주가치를 발행주식수로 나눈 금액이 주식시가의 이론값이다. 현재는 이 할인현금흐름법이 가장 이치에 맞는 주주가치 측정법이라고 여겨지고 있다. 따라서 '주주가치가 커서 주가가 높다'가 정답이다. 그러나 이 방법에도 문제가 있다. 그 이유는 아래에서 설명하고자 한다.

2. 할인현금흐름법에 관한 운영상의 문제점(불확실성)

첫 번째 문제는 장래 잉여현금흐름의 예측이 불확실하다는 점이다. 두 번째 문제는 할인율에 따라 현재가치가 크게 달라질 수 있다는 점이다. 장래는 불확실하다는 전제를 바탕으로 한다면, 잉여현금흐름을 예측할 때 여러 가지 가정을 설정해야 한다. 더욱이 그 가정에는 주관이 개입될 소지가 많다. 이것이 첫 번째 함정이다.

할인율도 이와 같다. 이 할인율은 은행이나 채권자 그리고 주주가 요구하는 기대수익률(자본비용)이다. 다시 말해 금리, 배당, 경제정세 등 여러 가지 리스크를 가미한 것이므로 이 할인율도 평가하는 사람에 따라 달라질 수 있다. 이것이 두 번째 함정이다.

할인현금흐름법이 이처럼 불확실성에 입각한 평가 방법임에도 절대적인 지지를 얻고 있는 이유는 기업이 현금제조기라는 공통적 인식에 있다고 생각한다. 이는 기업을 평가하는 데 현금흐름 개념을 배제할 수 없기 때문이다.

3. 브랜드 회계(Brand Accounting)

'보이지 않는 현금제조기' 중 브랜드 가치를 정량적으로 평가하려는 움직임이 있다. 일본의 경제산업정책국은 브랜드 경영의 중요성과 브랜드 가치 평가의 필요성에 대해 브랜드 가치평가연구회의 보고서를 발표했다(2002년 6월 24일). 이 보고서에 따르면 경제의 소프트화나 IT(정보기술) 발달에 따라 기업가치의 원천으로서 무형자산의 비중이 커지고 있으며, 브랜드는 그중에서도 가장 중요한 무형자산 중 하나다.

또한 이 보고서는 브랜드 가치가 높은 제품이 논브랜드 제품을 압도하는 경쟁력으로 다음 세 가지를 들었다.

① 품질이나 기능이 완전히 똑같다고 해도 비싼 가격으로 판매할 수 있다(가격 우위성).

② 고객이 반복 또는 계속 구입하게 되어 안정된 판매수량을 확보할 수 있다(상표 사용료).

③ 다른 업종이나 국외시장으로 확장하기 쉽다(확장력).

그리고 브랜드 자산을 외부에 공개하는 방법으로 다음의 세 가지 안을 제시했다.

① 현행 재무보고제도에서 연결재무제표상의 재무상태표에 계상하는 안

② 현행 보고회계제도에서 연결재무제표에 대한 주석으로 공개하는 안

③ 현행 재무보고제도에 얽매이지 않고 사업보고의 일환으로 공개하는 안

경영은 유형자산에서 보이지 않는 무형자산으로 중심축이 옮겨졌다. 이 현상은 브랜드 가치의 가시화, 지적재산권의 보호, 비즈니스 모델의 특허화와 같은 흐름이다.

제7장

성형미인을 조심하자

중국 전통 레스토랑에서

와인 레스토랑에서 강의를 받은 이튿날, 유키는 임원들과 관리직원들에게 여성복과 아동복을 제외한 다른 브랜드는 폐지한다는 뜻을 전했다. 유키는 마지막까지 아동복을 폐지해야 할지 말아야 할지 고민했지만 결국 남기기로 했다. 일도, 아이도 그리고 가정도 여성에게 없어서는 안 될 행복의 요소라고 생각했기 때문이다.

경리부장을 비롯한 많은 임원들이 강력하게 반대했지만 유키는 자신의 주장을 관철했다.

브랜드의 종류를 줄이는 일은 많은 직원들의 실직과도 연결된다. 유키는 지금까지 회사를 위해 일해온 직원들을 해고할 수밖에 없는 현실이 괴로웠다. 그러나 유키는 이 일을 인사부에 맡기지 않고, 진지하고 솔직하게 회사의 상황과 자신의 생각을 직원들에게 설명했다. 격분한 나머지 언성을 높이는 사람도 있었지만, 다행히 대부분은 이해해주는 것 같았다.

그런데 이즈음 어처구니없는 사건이 일어났다. 신규 거래처가 거래를 튼 지 3개월 만에 도산한 것이다. 성실해보이던 거래처 사장은 한나가 현재 위기를 해결하는 데 든든한 후원자가 되어줄 것으로 믿어 의심치 않았다. 파리와 밀라노에 직영점을 두고, 그곳을 거점으로 삼아 한나의 제품을 유럽에서 판매해주기로 약속까지 했다. 거래 계좌를 개설할 때 만일을 위해 흥신소에 결산서를 의뢰했지만, 재무상 불안한 점이 전혀 없었다. 흥신소가 매긴 종합평가는 A였다. 그러나 그후 채권자 회의에서 변호사에 의해 결산을 분식한 사실이 밝혀졌다.

이 사건을 알게 된 경리부장은 영업부장을 몰아세웠다. 영업부장은 그 즉시 책임을 지고 사표를 제출했지만 유키는 받아들이지 않았다. 분식처리된 결산서는 경리부장을 비롯한 임원들 모두가 훑어보았고, 고문 세무사에게도 분석을 의뢰했다. 따라서 책임을 영업부장 한 사람에게 떠넘기는 것은 공정하지 못했다.

유키는 이번 불상사에 대한 책임이 자신에게 있다고 보고 스스로 감봉 2개월 처분을 신청했다.

유키의 이런 결단은 순식간에 퍼져나갔고, 직원들은 새로 취임한 젊은 사장을 긍정적으로 평가하게 됐다. 하지만 유키는 잔액이 얼마 남지 않은 회사의 예금통장을 보며 한숨을 내쉬었다.

아즈미와의 이번 약속장소는 중국 전통 요리점이다. 비취색으로 호화롭게 꾸며진 현관 맞은편이 자연스레 중국을 연상시켰다.

"아즈미 씨가 벌써 와 계십니다."

중국 전통옷을 입은 여성 점원은 유키를 아즈미가 기다리는 테이블로 안내했다.

"사기를 당했다고 하더군."

아즈미는 한나에 발생한 어처구니없는 사건을 이미 알고 있었다.

"완전히 속았어요."

"자주 듣는 이야기야. 그러니 너무 낙담하지 마."

아즈미는 업적이 나쁜 회사만 골라 표적으로 삼는 악질적인 회사라고 말했다.

유키는 한나가 당한 수법에 대해 설명하기 시작했다.

몇 차례에 걸친 현금 거래 이후, 상대로부터 대량의 주문을 받았다. 영업부장이 기꺼이 지정된 창고로 제품을 출하했다. 그런데 그 제품은 어디론가 사라져버리고 행방이 묘연해졌다. 그 사장과도 이미 연락이 끊긴 상태였다.

"그 회사는 돈이 궁한 나머지 사기를 쳤던 것 같아요."

"그건 아니지!"

아즈미는 단호하게 부정했다. 그가 정상적인 경영자라면 사기행위는 절대로 하지 않는다고 말했다.

"다시 말해 유키 양은 그 사장이 본래 사기범이라는 것도, 그 결산서가 분식처리됐다는 것도 꿰뚫어볼 수 없었다는 말이야."

"결산서를 보고 틀림없다고 생각했는데……."

"아직 유키 양이 미숙하다는 증거야. 분식처리된 결산서를 알아챌 수 없을 정도라면 경영자로서는 실격이지.”

유키는 더 이상 반박할 수가 없었다.

분식회계를
식별하는 방법

“분식회계(분식결산)는 범죄야. 오늘은 분식회계를 식별하는 방법에 대해 공부해볼까?”

분식회계란 가공의 거래를 날조하거나 일반적으로 인정되지 않는 회계처리를 하여 이익을 조작하는 사기행위를 말한다.

아즈미가 질문을 던졌다.

“참, 그런데 유키 양은 재무상태표를 볼 때 어느 부분에 주목하지?”

어제 임원회의에서 경리부장이 ‘거래를 시작하기 전에 가공의 재고와 가공의 외상매출금을 알아차렸다면 사기당하지 않았을 것’이라고 한 말이 생각났다. 아마도 재고와 외상매출금을 부풀려놓은 듯했지만 어떻게 해서 금액을 부풀렸는지는 회사 내의 그 누구도 알지 못했다.

“재고와 외상매출금인가요?”

“그래! 그 두 가지는 특히 주의해야 할 과목이야.”

아즈미는 노트에 재무상태표를 그렸다.

재무상태표는 좌우의 합계 금액이 균형을 이루고 있어 밸런스시트 Balance Sheet라고 부른다. 만약 그 어떤 방법으로 왼쪽의 자산을 사실 이상으로 부풀릴 수 있다면 오른쪽에 있는 이익도 부풀려진 금액만큼 증가한 것처럼 보이게 할 수 있다. 이게 가공의 이익이며 분식회계의 원리다.

얼마 뒤, 주문한 오리 요리가 나왔다.

점원은 황금색 오리 껍질을 익숙한 칼질로 벗겨내 접시에 담았다. 아즈미는 그 껍질과 가늘고 길게 썬 파를 쌀가루로 만든 얇은 전병으로 감싼 다음, 달콤한 양념장에 찍어 입에 넣었다. 바삭바삭하게 잘 구워진 향기로운 오리 껍질에서 육즙이 흘러나와 입안을 맴돌았다.

"재고를 이용한 분식회계에는 어떤 수법이 있죠?"

"수량과 단가를 부풀리는 거야."

상품재고장에 가공의 제품을 슬쩍 기록해두거나 상품재고장의 숫자를 고쳐 쓰는 수법으로 수량을 실제 이상으로 부풀린다.

또 다른 수법은 단가 조작이다. 단가를 2배로 하면 재고금액도 2배가 된다. 일반적으로 재고를 이용한 부정은 이 두 가지 방법을 조합한 형태로 이루어진다. 재고금액을 부풀리면 그 부풀려진 금액만큼 이익도 부풀려진다.

"이번에는 내가 유키 양에게 질문을 하나 할게. 가공의 외상매출금을 늘리려면 어떻게 해야 좋을까?"

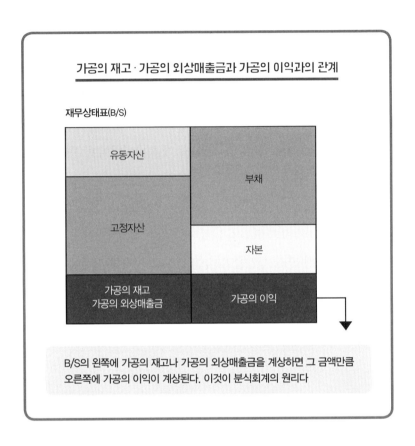

가공의 재고 · 가공의 외상매출금과 가공의 이익과의 관계

재무상태표(B/S)

유동자산	부채
고정자산	자본
가공의 재고 가공의 외상매출금	가공의 이익

B/S의 왼쪽에 가공의 재고나 가공의 외상매출금을 계상하면 그 금액만큼 오른쪽에 가공의 이익이 계상된다. 이것이 분식회계의 원리다

이건 간단하다. 가공의 거래를 날조한다. 다시 말해 팔리지 않은 제품을 마치 팔린 것처럼 하면 된다. 차기매출을 당기매출로 앞당겨 인식하는 것이다.

이와 같은 유키의 생각에 아즈미가 다시 물었다.

"그렇겠군. 다른 방법은 없을까?"

유키는 '그다음 자회사에 억지로 강매한다'라고 말하려는 순간, 한나에 사기 친 회사의 수법이 파노라마처럼 머릿속에 생생하게 펼쳐졌다. 성실해보이던 사장은 실제로는 파리와 밀라노의 자회사에 제품을 판매하는 척했던 것이다. 그뿐만이 아니었다. 팔아넘긴 제품을 원래의 가격으로 다시 사들여 또다시 팔았음이 틀림없다. 거래는 문서 조작만으로 이루어졌고, 제품은 창고에 보관된 상태로 움직이지 않았다. 똑같은 제품을 자회사들 사이에서 팔거나 사들임으로써 매출과 이익이 쌓인 것이다. 그 결과 외상매출금과 재고금액도 부풀려졌다.

"뭐, 그 정도겠지!"

아즈미는 당연하다는 듯이 말하고 다시 물었다.

"재고와 외상매출금 이외에 또 다른 분식회계 수법을 생각해볼 수는 없을까?"

당기이익을 늘리고자 한다면 당기비용을 차기로 이월시키면 된다. 유키는 교제비 예산을 다 써버린 영업부 직원이 그 교제비를 타 자산 계정(또는 가불금)으로 처리해두었다가, 차기가 됐을 때 교제비 명목으로 정산했던 것을 떠올렸다. 바로 이 방법이다. 비용을 가지급금으로 처리하면 그 금액만큼 당기이익을 부풀릴 수 있다.

금액이 갑작스럽게 증가하거나
감소한 과목에 주의

"분식회계 수법에 대해서는 잘 알았어요. 그래도 외상매출금이나 재고가 많다고 해서 그 회사가 분식회계를 자행한다고 볼 수만은 없는 것 아닌가요?"

분식회계를 알아차리지 못한 사람은 영업부장만이 아니었다. 재고나 외상매출금이 많다는 사실은 경리부장도 눈치챘을 것이다. 하지만 그는 분식회계라고 생각하지 않았다. 재고나 외상매출금이 많은 회사는 흔하기 때문이다.

실제로 한나도 외상매출금이나 재고가 많다. 그렇다고 해서 분식회계 수법을 사용하고 있는 건 아니다. 문제는 분식결산서와 그렇지 않은 결산서를 어떻게 구별하는가다. 이 문제는 그리 간단하지 않다.

"결산서를 보는 것만으로 분식회계를 알아차릴 수 있나요?"

유키가 물었다.

"회계 전문가라면 알아차릴 수 있어."

"정말인가요?"

"뭐, 다소 연구가 필요하겠지만 말이야."

이렇게 말한 아즈미는 분식회계를 식별할 수 있는 방법을 차근차근 설명하기 시작했다.

"우선은 비교야!"

재무상태표의 과목, 즉 3기분을 비교해보는 것이다. 여기서 눈여겨 봐야 할 점은 금액이 갑작스럽게 증가하거나 감소한 과목이다. 움직임이 큰 이면에는 분명 어떤 사정이 있다. 그것이 무엇인지를 조사해야 한다.

또 하나의 핵심은 계정과목이다. 재고(재료, 재공품, 제품, 상품), 외상매출금, 가지급금 등은 분식회계에 이용되기 쉬우므로 주의가 필요하다. 손익계산서도 앞에서 제시한 대로 3기분에 해당하는 계정과목을 비교한다. 특히 낯선 계정과목, 예를 들면 ○○충당금 환입이익 같은 과목이 나오면 주의해야 한다.

또 보유하는 자기주식(금고주 또는 자사주)이나 토지의 매각수입을 매출액에 살며시 끼워넣었을지도 모른다. 갑자기 매출액이 증가했다면 그 이유를 물어봐야 한다. 게다가 이익률의 흐름에도 주의가 필요하다. 갑자기 이익률이 상승한 해는 어떤 특별한 일이 있다고 생각해도 좋다.

"그러나 그 무엇보다도 중요한 것은 경영자에게 이야기를 듣고 난 뒤에 직접 회사의 영업소나 공장에 가보는 거야. 백문이 불여일견이라는 말도 있잖아."

아즈미는 이렇게 말을 맺었다.

재고를 이용한 분식회계는 마약

"질문을 하나 할게. 한 번 제품 재고를 이용한 분식회계에 손을 대면, 이듬해에는 더 많은 금액의 분식회계를 하게 되는 경향이 있어. 그건 왜 그럴까?"

부기를 공부한 적이 없는 유키는 그 이유를 전혀 알 수 없었다.

"제품 재고를 과대하게 계상한다는 뜻은 당월비용(매출원가)의 일부를 다음 달에 이월하는 것과 같아. 그 결과 당기이익은 이월된 금액만큼 많아지지만 다음 달의 비용도 그 금액만큼 많아지므로 이익은 자동적으로 적어지지."

재고를 이용한 이익 조작의 원리는 당기비용(매출원가)을 자산(제품)으로 처리해 차기로 이월시키는 방법이다. 차기로 이월된 자산은 차기비용(매출원가)이 되기 때문에 비용은 증가하고, 이익은 그 증가한 금액만큼 감소한다. 다시 말해 재고를 사용한 분식회계는 '이익을 앞당겨 써버리는 것'과 같다.

"한 번 재고를 조작하면 차기이익은 그 조작한 분만큼 적어지게 되지. 따라서 차기에는 더 많이 재고 조작을 할 수밖에 없는 상황이 되는 거야. 그러니까 재고금액이 해마다 큰 폭으로 증가하는 회사는 주의해야 해."

"마약과 같은 거군요."

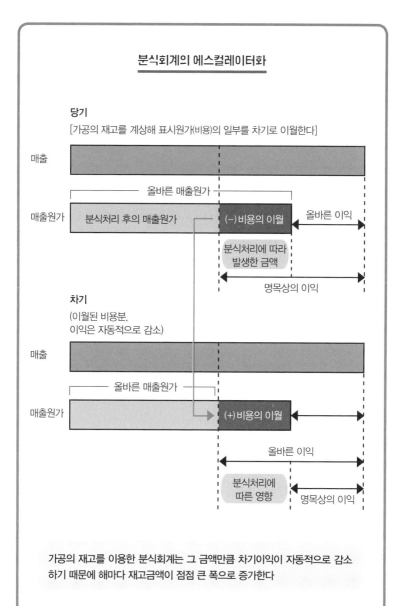

분식회계의 에스컬레이터화

당기
[가공의 재고를 계상해 표시원가(비용)의 일부를 차기로 이월한다]

매출

올바른 매출원가

매출원가 | 분식처리 후의 매출원가 | (−)비용의 이월 | 올바른 이익

분식처리에 따라 발생한 금액

명목상의 이익

차기
(이월된 비용분, 이익은 자동적으로 감소)

매출

올바른 매출원가

매출원가 | (+)비용의 이월

올바른 이익

분식처리에 따른 영향

명목상의 이익

가공의 재고를 이용한 분식회계는 그 금액만큼 차기이익이 자동적으로 감소하기 때문에 해마다 재고금액이 점점 큰 폭으로 증가한다

"맞아! 재고를 이용한 분식회계를 방치하면 그 다음에는 경영 파탄이라는 악몽이 기다리고 있지."

후식으로 안닌(촘仁, 살구 씨를 갈아 으깬 뒤 한천으로 굳히고 시럽을 뿌린 것) 두부가 나왔다. 맛이 짙어 식후에 먹기 안성맞춤이다.

"오늘 배운 내용을 한마디로 표현해봐."

"분식결산서를 주의하자, 맞죠?"

"성형미인을 조심하자 쪽이 좋을 것 같은데."

아즈미가 웃었다.

Key
Point

그밖에 자주 사용하는 분식회계 수법

본문에서 예를 든 것 이외의 분식회계 수법으로는 다음과 같은 것들이 있다.

① 비용의 이월에 따른 분식회계 수법

소프트웨어 개발회사나 건설회사에서 자주 볼 수 있는 분식회계 수법이 있다. 그것은 완료한 프로젝트가 적자가 될 것이 자명한 단계에서 그 비용을 다른 진행 중인 프로젝트(재공품)에 이월시키는 방법이다. 완성된 프로젝트 비용이므로 당기비용으로 인식하는 것이 올바른 회계처리지만 이 비용을 다른 재공품의 프로젝트에 몰래 잠입시켜놓으면 그 비용은 차기 이후로 이월된다.

이렇게 하면 비용은 자산(재공품)이 되어 이익이 부풀려진다. 이러한 수법의 분식회계는 프로젝트마다 수주에서 완성까지의 자료를 추적해가면 알아낼 수 있다.

② 연결에서 제외하는 분식회계 수법

가네보Kanebo나 라이브도어Livedoor 사건은 분식회계의 악질적인 사례로 역사에 남을 것이다. 두 회사가 사용한 공통적인 수법은 '연결에서 제외'하는 방법이었다.

연결결산에서는 연결회사간의 거래를 없었던 것으로 간주한다. 예를 들어, 모회사에서 자회사에 아무리 많은 매출을 올려도 그 매출은 손익계산서에 계상되지 않는다. 만약 자회사를 연결대상에서 제외하면 그 회사에 대한 매출은 계상된다. 또 적자인 연결대상 회사를 연결대상에서 제외하면 그룹의 업적을 좋게 보이게 할 수 있다.

가네보는 거래처인 담요 제조업체 등 채산이 맞지 않는 15개 관련회사에 손실을 떠넘기는 한편, 의도적으로 연결결산에서 제외해 660억 엔에 달하는 손실을 숨겼다.

또 라이브도어는 투자사업조합에서 획득한 자사주의 매각이익을 그룹의 이익인 양 부풀렸다. 이들 거래를 하나하나 회계규칙에 비추어보면 규칙위반인지 아닌지의 경계선에 놓여 있을 것이다. 그러나 전체를 바라보면 이해 관계자를 속일 목적으로 한 거짓행위임이 명백하다.

제8장

낭비가 없고 제조속도가
빠른 공장일수록
이익을 올린다

메밀국수 가게에는 낭비가 없다

브랜드를 선정한 효과는 즉각적으로 나타났다. 부인복과 아동복만으로 제품의 종류를 특화하고부터 자금융통이 두드러지게 수월해졌다. 영업부의 노력으로 판매수량도 증가했다. 하지만 매출할인(일정 기간에 많은 물량이나 큰 금액의 물건을 판 거래처에 물건 값을 할인해주어 대금의 일부를 반환해주는 것)도 많아져서 순매출금액은 그다지 증가하지 않았다.

이익도 지난달과 비교해 미미한 증가에 그쳤다. 이전부터의 영업부원들은 판매수량을 늘리고자 대대적인 가격할인을 앞세우는 전략을 사용해왔다. 영업부장은 한층 더 판매가격을 인하할 것을 요구했다. 그렇지만 이 이상 판매가격을 인하하면 적자로 되돌아갈 뿐이다.

간부회의에서 제조부장이 다음과 같이 말했다.

"이익을 늘리려면 제품원가를 삭감하는 것 외에 다른 방법이 없습니다."

제조부장의 의견에 유키도 전적으로 동감했다.

브랜드 가치를 키우는 데는 시간이 걸리지만, 제품원가를 삭감하면 즉시 효과가 나타난다. 문제는 어떻게 해서 제품원가를 삭감하는가 하는 것이다. 유키는 그런 고민을 안고 아즈미와의 약속장소인 메밀국수 가게로 향했다.

메밀국수 가게는 역에서 도보로 10분 정도 걸리는 위치에 있었다. 유키보다 먼저 가게에 와 있던 아즈미는 이 가게 주인과 서로 잘 아는 사이인 듯 잡담을 나누고 있었다. 가게 주인은 유키를 보더니 일어서서 기운찬 목소리로 인사를 건넸다.

"저는 아즈미 선생님의 제자입니다."

아즈미가 교수로 있는 대학교 제자로 도시에 있는 은행에 다니다가 그만두고, 지금은 가업을 잇는 중이라고 했다. 스스로 아즈미의 제자라고 신분을 밝힌 사실이 놀랍기도 했지만 진심으로 아즈미를 존경하는 것 같았다.

"은행 일보다 메밀국수 가게를 운영하는 일이 더 매력적입니다."

가게 주인이 미소 지으며 말했다.

아즈미는 일본식 메밀수제비와 정종을 주문했다.

가게 주인의 메밀국수에 대한 강의가 이어졌다. 맛있는 메밀국수는 우선 엄선한 메밀 열매를 하루분만 맷돌로 갈아 충분히 시간을 들여 반죽을 만드는 것에서부터 시작된다. 주문을 받으면 재빨리 삶아 정성껏 물로 씻어낸다. 절대로 미리 만들어두지 않는다. 반죽이 떨어지면 그것으로 그날의 영업은 끝이 난다.

"일류 메밀국수 가게들은 낭비가 없어. 이는 생산현장의 보편적 진리라고 해도 좋을 거야. 유키 양의 눈으로 직접 확인해봐."

아즈미는 유키를 주방으로 안내했다. 모든 도구는 반짝반짝 윤이날 정도로 잘 닦여 질서 정연하게 진열돼 있었죠. 필요 없어보이는 도구는 하나도 놓여 있지 않았다.

"이 가게는 창업 이래 100년 이상 지속되고 있어. 다시 말해 100년 동안 현금이 계속 회전하고 있다는 뜻이야. 이는 원가계산이 뛰어나다는 증거이기도 하지. 오늘은 원가계산에 대해 이야기해볼까? 이제 슬슬 유키 양도 원가에 관심을 두기 시작했을 테니 말이야."

아무래도 아즈미가 유키의 고민을 알아차린 것 같았다.

유키가 신기하다는 듯이 물었다.

"오늘 제가 물어보려고 한 내용을 어떻게 아셨죠?"

"재무상태표와 손익계산서 그리고 현금흐름표만으로 경영을 하기에는 한계가 있어. 요컨대 가치의 원천은 현장에 있지. 유키 양의 관심사가 공장에서 만드는 제품의 원가로 향하는 것은 어찌 보면 당연한 일이야."

"제품원가를 낮추는 방법을 잘 모르겠어요."

유키가 아즈미에게 그 방법을 가르쳐달라고 부탁하자 아즈미가 곧 설명하기 시작했다.

"우선 원가를 낮추려면 그 제품원가를 결정짓는 요소가 무엇인지 알아야 해."

아즈미는 노트에 핵심요소를 적었다.

1. **공장유지비**

2. **재료비**

3. **제조속도**

공장유지비(고정비)를 줄이고 재료비(변동비)를 삭감해 제조속도를 올리면 제품원가가 낮아진다는 것이다.

"공장유지비를 줄이는 방법부터 살펴볼까? 우선 예산관리에서 발생비용을 억제하는 방법이야."

이는 전기료, 소모품비, 잔업수당 등 과목별로 예산을 설정해 발생비용이 그 예산보다 이하가 되도록 관리하는 방법이다. 구체적으로는 불필요한 잔업을 제한하고, 사용하지 않는 전기를 끄거나 소모품을 아껴 쓰는 것과 같이 낭비를 철저히 없애는 방법이다.

"그렇지만 이 방법만으로는 그리 대단한 효과를 기대할 수 없어."

아즈미가 말했다.

그 이유는 애초에 공장유지비가 고정비이기 때문이다. 확실히 아즈미가 말한 대로다. 그러나 억지로 비용을 삭감한다면 어떻게 될까? 유키는 특별한 문제가 없을 거라고 생각했지만 아즈미는 그래서는 해결이 안 된다고 말했다.

"안이하게 처리하면 뜻하지 않은 악영향이 초래될 수 있어. 생산량을 유지하려면 현재의 직원과 기계를 보유해야 하기 때문이지."

공장유지비를 줄이자

"능숙하게 그리고 더 대담하게 유지비를 줄일 수 있는 방법은 없을까요?"

유키가 묻자, 아즈미는 오히려 유키에게 질문을 던졌다.

"그보다 먼저 유키 양에게 묻고 싶은 게 있는데, 공장은 무엇을 하는 곳일까?"

"납기까지 제품을 만드는 장소가 아닌가요?"

유키는 의심할 여지도 없다는 듯 대답했다.

공장은 주문을 받은 제품을 납기까지 제조하는 장소. 그 외에 또 어떤 답이 있을 수 있을까?

"그런 생각을 버리지 않는 한 제품원가는 절대로 낮아지지 않아."

아즈미는 단호하게 말했다.

공장은 단순히 제품만 만드는 장소가 아니라는 뜻이었다.

"공장은 제품이라는 가치를 만들어내는 장소야. 하지만 작업자나 기계설비가 늘 가치 있는 활동을 하고 있다고는 볼 수 없어."

아즈미는 설명을 계속했다.

"예를 들어 재료가 모이지 않거나 기계가 고장 났다는 등의 이유로 공장 직원이 일이 없어 한가해질 때가 있어. 이 시간(대기시간)은 곧 낭비야. 불량품 수선도 시간낭비인 셈이지. 하지만 작업자는 수선작업이 불량품을 제품으로 되살리는 중요한 일이라고 착각하고 있어. 주문이 없어서 이따금씩만 가동하는 기계 또한 멈춰 있는 시간 동안 역시 낭비야. 이처럼 가치를 창출하지 않는 활동은 모두 낭비라고 생각해야 해. 유키 양은 어떻게 생각하지?"

유키는 단순히 공장을 '제품을 만드는 장소'라고만 생각했다. 그러나 아즈미가 지적했듯이 공장을 '가치를 만들어내는 장소'로 바라보면 견해가 전혀 달라진다.

회사는 작업자나 기계에 현금을 지급하고 있다. 따라서 그 작업자나 기계가 가치를 창출하지 않는 활동을 하는 것은 현금을 낭비하는 것과 마찬가지다. 쓸데없는 활동을 줄이고 가치 있는 활동만 하게 되면 작업자의 수나 기계의 수량을 줄여도 될 것이다. 다시 말해 공장유지비가 적은 돈으로도 해결된다는 이야기다.

'이 사실을 조금만 더 일찍 깨달았더라면…….'

유키는 자신이 한심하게 느껴졌다.

공장 관계자도, 영업부도, 경리부도 납기까지 제품을 만드는 일만 생각했다. 그 외의 활동에는 전혀 신경을 쓰지 못했다. 왜 이런 사실을 깨닫지 못했던 걸까?

유키는 아즈미에게 그 이유를 물었다.

"낭비가 보이지 않아서 그래. 보이지 않으니 그 심각성을 잘 모르는 거고."

"낭비가 보이지 않아서라고요?"

유키는 '낭비가 보이지 않는다'는 말의 뜻을 얼른 이해하지 못했다.

"공장에서 열심히 일하는 직원의 모습은 보이지만 그 활동이 낭비인지 아닌지는 잘 보이지 않아."

"보인다는 건 어떤 의미죠?"

"한마디로 말하자면 회계처럼 수치로 나타나 이상한 점이 한눈에 확 띄는 상태를 말해."

"그게 가능한가요?"

"물론이야!"

아즈미가 자신 있게 말했다.

유키는 즐거워졌다. 그 어수선한 공장의 실태가 회계수치로 바뀌고 낭비투성이인 활동이 일목요연해진다는 말이 아닌가.

"어떻게 하면 그 낭비가 보이게 되나요?"

"새로운 회계기법(160쪽 참조)을 사용하는 거야."

"하나에 적용시켜 설명해주실 수는 없나요?"

유키는 이 방법을 꼭 알고 싶었기 때문에 한마디도 놓치지 않으려고 정신을 집중했다.

"우선 가시화의 규칙을 만드는 거야. 제일 먼저 관리하고 싶은 활동을 정하는 거지. 예를 들어 옷감을 재단한다, 옷을 꿰맨다, 옷을 검사한다, 옷을 수선한다, 회의를 한다 등과 같이 말이야. 다음으로 그 활동이 그럴 만한 가치가 있는지 또는 없는지를 정의하는 거지. 그리고 가치 있는 활동은 청색, 가치 없는 활동은 적색으로 표시하는 거야. 봉제는 가치 있는 활동(청색)이지만 수선은 가치가 없어(적색). 여기까지가 준비 작업이야. 그러고 나서 각각의 활동에 사용한 실적시

봉제공정 유지비

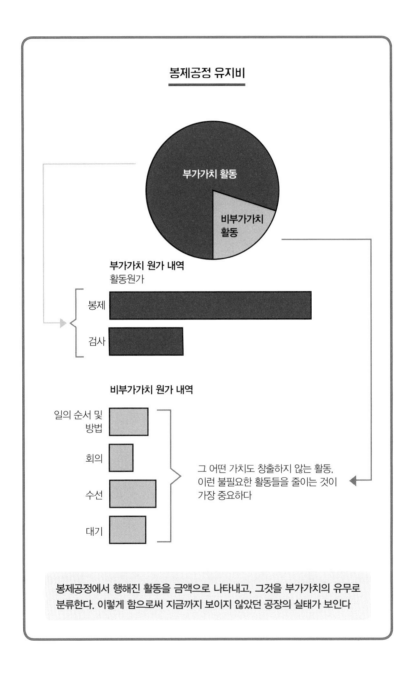

부가가치 활동

비부가가치 활동

부가가치 원가 내역
활동원가

봉제

검사

비부가가치 원가 내역

일의 순서 및 방법

회의

수선

대기

그 어떤 가치도 창출하지 않는 활동. 이런 불필요한 활동들을 줄이는 것이 가장 중요하다

봉제공정에서 행해진 활동을 금액으로 나타내고, 그것을 부가가치의 유무로 분류한다. 이렇게 함으로써 지금까지 보이지 않았던 공장의 실태가 보인다

회계학 콘서트 ❶ 수익과 비용

간을 집계하는 거지. 그리고 실적시간에 단가를 곱하고 원가로 바꾸는 거야. 이로써 무형의 활동들이 금액으로 바뀌게 돼. 더욱이 그 활동이 가치가 있는지 또는 없는지를 색깔로 판단할 수 있어. 그래프로 표현하면 회사가 얼마나 쓸데없는 곳에 돈을 사용했는지 한눈에 알 수 있게 되지."

확실히 이렇게 하면 공장 안에서 이루어지는 모든 활동을 '가시화' 할 수 있다. 개선해야 할 활동을 알 수 있으며, 게다가 불필요한 낭비를 제거한 효과(원가)도 측정할 수 있다.

유키는 즉시라도 이 방법을 도입하고 싶어졌다.

재료비를 줄이고 제조속도를 올리자

"다음은 재료비를 삭감하는 방법에 대해 생각해볼까? 제품원가의 대부분은 재료비야. 유키 양에게 혹시 괜찮은 아이디어가 있어?"

디자이너였던 유키에게는 그다지 어려운 질문이 아니었다.

"재료업자와의 가격협상이라고 생각해요."

"그것뿐일까?"

"1미터의 옷감으로 몇 장의 원형을 만들 수 있느냐에 따라 옷의 재료비가 달라져요."

"맞아! 구입단가를 낮추고 옷감을 낭비 없이 사용해야 해. 그밖에 또 뭐가 있을까?"

"그것뿐이라고 생각하는데요……."

아즈미가 고개를 저으며 말했다.

"유키 양의 회사에는 더 큰 낭비가 있어. 그건 사용하다 만 재료 재고야."

유키는 공장 현장을 떠올리면서 생각해봤다.

'창고에는 물론 제조현장에도 옷감이나 부속품들이 어지러이 흩어져 있어. 그 재고는 뭘까? 그렇지!'

어지러이 흩어져 있는 것은 재단이나 봉제 과정에서 생긴 불량품, 특별 주문에서 남은 옷감이나 부속품으로 앞으로도 이 재료 재고를 다른 제품의 재료로 사용하는 일은 없을 것이다. 이 재료 재고는 이미 완성된 제품이 부담해야 할 재료비다.

'그렇다면 왜 아무도 지시한 적이 없는데 불필요한 재고가 증가한 걸까?'

이 점에 대해서는 유키에게도 짚이는 데가 있었다. 옷감이나 부속품을 구입할 때 많은 양을 한꺼번에 사면 구입비용이 적게 들기 때문이다. 더욱이 재단이나 봉제 과정에서 자주 발생하는 불량을 예상해 언제나 넉넉하게 구입한 것도 이유였다.

유키는 공장 전체의 재료비가 높은 원인을 확실히 알게 됐다. 그 모든 원인은 공장의 통제가 제대로 이루어지지 않은 데 있었다.

"재료는 필요한 만큼만 산다, 불량품을 줄인다, 필요한 수량을 초과한 제품은 만들지 않는다. 이것을 실현한다면 재료비를 낮출 수 있을 것으로 보여요."

"그래 좋아! 이제 유키 양도 조금 진보한 것 같군."

아즈미가 보기 드물게 유키를 칭찬했다.

"마지막은 제조속도야. 공장유지비는 고정비니까 옷을 한 장 만들어도, 1만 장을 만들어도 드는 비용은 변하지 않아. 하지만 많이 만들면 제품 한 장당 유지비가 내려가게 되지."

"재단공정도 봉제공정도 각각의 공정 생산매수를 늘릴수록 제품원가가 낮아진다는 거군요."

아즈미는 고개를 끄덕였다.

"그것이 핵심이야. 예를 들어 설명할게. 재단공정의 생산능력이 봉제공정의 2배라고 할 때, 원가계산에서는 각각의 공정에서 가능한 한 많이 생산할수록 제품원가가 내려가게 되지. 그러나 이 계산 결과가 경영에서도 똑같이 적용되는 것은 아니야!"

'무슨 말일까?'

유키는 또 머릿속이 혼란스러워졌다.

비용이 일정하다고 가정할 때, 생산매수를 늘리면 한 장의 옷에 투입되는 비용이 적어지는 게 아닐까? 하지만 아즈미는 경영에서는 그렇지 않다고 말하고 있다.

'아즈미의 말이 사실이라면 원가계산 결과를 경영의 의사결정에 사용할 수 없지 않은가?'

여기까지 생각하다가 유키는 문득 '참다랑어 초밥'의 이야기가 떠올랐다. 문제는 정체하는 자금량이다. 옷감을 많이 재단해도 봉제작업이 뒤를 받쳐주지 못하면 재단이 끝난 공정 재고가 쌓일 뿐이다. 그로 인해 필요한 자금량은 점점 증가한다. 그 결과 제품원가는 내려가지만 자금량은 증가한다.

"계산 방법에 실수가 있는 걸까요?"

"그래, 좋은 질문이야. 각 공정의 생산량을 늘려도 제품원가가 낮아지는 건 아니라고 생각해야 해. 왜 이런 계산 결과가 나온 걸까? 그 원인은 제품원가의 계산 방법이 틀렸기 때문이야."

아즈미는 한나의 경리부에서 실시하는 원가계산을 부정했다(전통적인 원가계산을 사용하는 한 모두 한나처럼 비정상적인 계산 결과를 얻는다).

"정확히 말할게. 옷감을 재단하고 나서 제품으로 완성되기까지의 통과시간, 즉 제조 리드타임Lead Time(제조속도)을 기준으로 제품원가를 계산해야 해. 제조속도가 빠를수록 제조원가는 적게 들고, 적은 자금으로 옷을 생산할 수 있기 때문이야(전어 초밥과 같은 이치)."

유키의 머릿속은 더욱 혼란스러워졌다.

"제조속도를 올리면 왜 제품원가가 내려가는지 아직도 잘 모르겠어요."

"간단한 이치야."

아즈미는 예를 들어 다시 설명하기 시작했다.

"지금 큰비가 내리기 시작했다고 가정해보자. 그러나 우산이 없어. 유키 양은 자기 집까지 걸어서 갈지, 또는 뛰어서 갈지, 빗속에서 움직이지 않고 있을지를 선택해야 해. 자, 어떻게 할 거지?"

"물론 뛰어서 가겠지요."

"비에 최대한 젖고 싶지 않다면 뛰는 게 가장 좋겠지. 원가계산으로 바꿔 생각해보면, 공장 안에 유지비라는 비가 내리고 있다고 생각하면 돼."

빗속에서는 사람이 빨리 달릴수록 비를 적게 맞는다. 마찬가지로 재료가 공장을 통과하는 속도가 빠를수록 즉, 통과시간이 짧을수록 유지비는 적게 든다.

아즈미는 노트에 그림을 그린 뒤 계속 설명했다.

"다른 관점에서 설명할게. 원가계산은 재단공정에서 많이 만들 수 있어도 봉제공정의 바로 앞에서 정체하면 원가가 계속 추가되는 방식을 취해야 해. 또한 제품 검사에서 이상한 점이 발견돼 완성처리가 늦어지는 경우에도 제품원가를 높게 계산해야 해. 그만큼 공장유지비를 사용했다는 이유만이 아니라 경영자가 제품원가의 높고 낮음을 알아야 공장 내부에서 일어나는 이상 사태를 파악할 수 있기 때문이야. 따라서 공장유지비는 제조 리드타임(제조속도)을 기준으로 제품원가에 부담시킬 필요가 있어."

유키는 지금까지 한나의 경영자들이 제품원가를 낮추려는 노력을 게을리했다는 사실을 깨달았다. 그와 더불어 조금은 개선해야 할 점을 정리할 수 있게 됐다.

"어디서부터 시작해야 할지 알 것도 같아요. 내일 제조부장과 검토해보겠어요."

가게 주인이 이곳에서 제일 인기 있는 순메밀국수를 내왔다. 100년

제조속도를 올리는 것은 원가절감과 직결된다

제조공정에는 원가라는 비가 내리고 있다

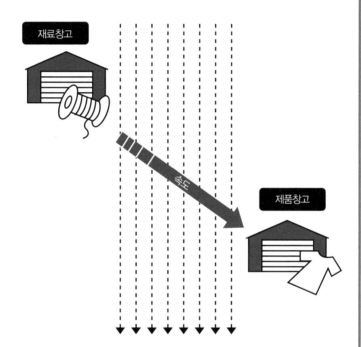

- 공정 중에 정체하게 되면 제품원가는 계속 증가한다
  (비를 맞는 양이 많아진다)
- 제조속도를 올려 빨리 만들수록 제품원가의 절감과 자금량을 줄일 수 있다

의 역사를 느낄 수 있을 만큼 신선한 향기와 씹는 맛이 일품이었다.

"효율적인 공장은 이 가게처럼 낭비가 없고, 무엇이든 바람처럼 휙 지나가 오랫동안 머무는 일이 없어."

그때서야 유키는 아즈미가 이 가게를 선택한 이유를 이해했다.

새로운 관리회계 기법이 필요하다

1. 파킨슨의 법칙과 활동기준원가계산

"무료한 시간을 보내는 것만큼 바쁜 일은 없다"는 영국 속담이 있다. 이 속담은 시간적 여유가 있는 어느 노부인이 먼 곳에 사는 조카딸에게 편지를 부치는 데 꼬박 하루가 걸린다는 이야기다. 이 노부인은 편지를 다 쓰기까지 많은 시간을 들인다. 조카딸에게서 온 엽서를 찾는 데 1시간, 안경을 찾는 데 또 1시간, 주소를 찾는 데 1시간, 글귀를 다 쓰는 데 1시간 30분, 우체국까지 우산을 갖고 갈지 그냥 갈지를 고민하는 데 또 30분이 걸린다.

보통 사람이라면 편지를 쓰고 우체통에 집어넣기까지 30분이면 충분하다. 하지만 노부인은 이 일련의 동작에 5시간이나 걸렸지만 늘 바쁘다고 생각한다. 편지를 쓰는 목적에서 보면 4~5시간은 낭비일 수 있지만, 노부인의 행동을 보고 웃어서는 안 된다. 회사에도 이와 같은 낭비가 항상 반복되고 있기 때문이다.

파킨슨Cyril Northcote Parkinson(영국의 역사학자·정치학자 겸 경영연구가)은 저서에서 다음과 같이 말했다.

"회사의 규모가 커지는 것은 업무량이 늘어서가 아니라 조직이 확대되어 업무량도 늘어나는 것이다."

이것은 '사람이 일을 만들고 일이 사람을 요구한다. 그 결과 조직은 점점 확대된다'는 뜻이다. 시간이 있어서 일을 만들고, 일이 있어서 바빠지고 그 때문에 사람이 더 필요해지는 악순환이 반복되는 것이다.

불필요한 낭비가 많으면 조직은 비효율적이 되지만 전통적인 회계(원가계산)에서는 그 낭비가 눈에 보이지 않는다. 만약 보인다면 메스로 제거할 수 있다. 활동기준원가계산 Activity Based Costing/ABC은 이와 같은 배경에서 등장한 회계기법이다.

2. 전통적인 관리회계의 결함

관리회계가 경영관리의 정보로서 이미 한계에 이르렀다는 점을 설명하면 다음과 같다. 전통적인 관리회계 이론은 19세기 말부터 20세기 중반까지 미국의 듀폰Du Pont, 시어스 Sears, Roebuck & Company, 제너럴모터스General Motors Corporation/GM, 포드Ford 등이 개발한 회계기법을 바탕으로 만들어졌다. 다시 말해 관리회계규칙의 모델이 된 당시 회사들의 공통점은 대규모 조직이고, 수요가 무한하고, 소품종의 제품을 대량으로 생산하고, 만든 물건을 모두 팔고, 직원들은 마치 찰리 채플린의 영화 〈모던 타임스Modern Times〉에서처럼 매뉴얼대로 반복 작업을 한다는 것이다.

이들 회사조직은 개인단위까지 세분되어 각 개개인의 작업은 매뉴얼로 관리됐다. 최고경영자가 작업 현장을 보지 않아도 거기서 어떤 일이 이루어지는지 알 수 있다는 전제를 바탕으로 관리회계 이론이 만들어진 것이다. 하지만 이 전제는 무너지고 있다. 고객이 자신이 원하는 제품만 사면서부터 회사는 점점 복잡해지고, 제품의 종류는 계속 증가하게 되었다.

오늘날 회사의 경쟁력을 결정하는 요소는 최고경영자의 명확한 비전과 전략, 그리고 현장에서 과제를 자율적으로 해결할 수 있는 '현장력'이다. 그런데 조직이 자율적이 되면 최고경영자는 회사 내부를 일일이 파악할 수 없게 된다. 반대로 현장에서는 자신들의 행동이 조직 전체에 어떤 공헌을 하는지 알 수 없다. 즉 회사의 손익이 악화된 원인을 규명하기 위해 작업 현장까지 거슬러 올라갈 수도 없고 현장에서 개선을 해도 그 결과가 회사의 손익에 직접 반영되지 않는다.

이런 현실에 대응하기 위해 여러 회사에서 새로운 관리회계 기법을 모색하고 있다.

제9장

최고경영자의 결단

원가를 낮추기 위한 세 가지 방법

이튿날 유키는 제조부장을 불러 앞으로의 원가계산 방침에 대해 이야기를 나눴다.

이때 제조부장이 힘주어 말했다.

"지금까지 몇 번이나 원가계산을 시도해봤지만 늘 직원들의 반발로 실패했습니다. 하지만 이번에는 회사 전체 차원에서의 프로젝트이므로 반드시 성공하겠습니다."

그날 오후 간부회의가 열렸다. 이 자리에서 생산관리부장이 근본적으로 제품원가를 낮추는 세 가지 방법을 제안했다.

첫째, 공장을 폐쇄하고 생산거점을 중국으로 옮기자는 제안이다. 생산부문의 직원 일부는 새로운 회사로 적을 옮긴다. 중국에 자회사를 만들면 싼 제품을 안정적으로 조달할 수 있다(중국 진출 방법).

둘째, 첫 번째와 같이 공장을 폐쇄하고 모든 생산을 중국 기업에 위탁하자는 제안이다. 이 방법을 채택하면 한나는 기획부문과 판매부문만 남게 되고 생산부문은 필요 없게 된다(생산위탁 방법).

마지막으로, 자사공장은 그대로 두고 협력회사를 적극적으로 활용하자는 제안이다(외주공장 적극 활용 방법). 생산관리부장은 이 방법이 고객에게 주문을 받았을 경우 특히 효과가 있다고 강조했다.

하지만 제조부장은 이 세 가지 방법에 모두 부정적이었다. 그는 유키와 미리 협의한 대로 공장의 생산성을 높이는 데 전념해야 한다고 주장했다.

"공장은 아직 더 개선의 여지가 있고, 중국 진출의 리스크는 절대

생산관리부장이 제안한 제품원가를 낮추는 세 가지 방법

① 생산 자회사를 독자적으로 설립

② 중국 기업에 생산을 위탁

③ 가공단가가 싼 외주를 적극적으로 활용

적으로 피해야 합니다."

제조부장의 발언을 가로막듯이 경리부장이 유키를 향해 말했다.

"생산관리부장의 제안에 대해 최고경영자인 사장님이 지시해주시기 바랍니다."

경리부장의 말투에서 고의적인 악의가 느껴졌다. 유키는 또다시 어려운 문제에 부딪혔다.

경영자가 할 일은
기회손실을 최소화하는 것

유키와 아즈미가 만난 와인 레스토랑은 여느 때와 다름없이 손님들로 북적였다. 웨이터가 메뉴를 건네자, 아즈미는 샹볼 뮈지니를 주문했다. 은은하게 과일 향이 나는 품위 있고 섬세한 프랑스 부르고뉴산 레드 와인이다.

"또 골치 아픈 문제에 부딪혔어요."

유키는 간부회의에서 주고받은 내용을 아즈미에게 이야기했다.

"생산관리부장이 중국에 생산 자회사를 만들자고 제안했어요. 경리부장도 대찬성인 것 같고요. 회의가 끝난 다음 경리부장에게 '경영자는 늘 기회손실★을 고려해야 합니다'라는 충고까지 들었어요."

"경리부장은 중국에 진출하지 않으면 회사가 손해를 본다고 말하고 싶은 게로군. 그래서 유키 양은 뭐라고 대답했는데?"

"시간을 달라고 말했을 뿐이에요."

유키는 기회손실이란 말의 의미가 잘 이해되지 않았다. 그리고 경리부장이 빈정대듯이 충고한 것도 불쾌했다.

유키는 샹볼 뮤지니를 한 모금 마셨다. 섬세하고 우아한 향기와 맛이 흥분되는 기분을 가라앉혀 주는 것을 느꼈다.

"참, 그런데 유키 양은 주식을 해본 적이 있나?"

여느 때와 다름없는 뜻밖의 질문이 시작됐다.

"저는 안 하지만 어머니께서 매우 좋아하세요."

"어머니께서는 주식으로 이득을 보고 계신가?"

"아니요. 항상 '그 주식을 샀어야 했는데' 또는 '그 주식을 팔지 말았어야 했는데' 하면서 일 년 내내 불평불만만 늘어놓으세요."

"유키 양의 어머니께서는 기회손실을 애석해하는 거야."

"이것도 기회손실인가요?"

"맞아! 다른 주식을 구입했다면 얻을 수 있었던 가격상승이익이 바로 기회손실이야. 주식을 팔았을 때도 만약 그 주식을 계속 보유했다면 얻을 수 있었을 이익이 기회손실인 거지."

★ 둘 이상의 선택가능한 방법이 있을 때 만약 선택받지 못한 대체 방법을 선택했더라면 획득할 수 있었을 이익을 말한다.

회계학 콘서트 ❶ 수익과 비용

"기회손실이 경영에 필요한 개념인가요?"

"경영에서 가장 중요한 개념이라고 할 수 있어. 경영자가 해야 할 일은 이 기회손실을 최소화하는 거야."

지금까지 배운 개념과는 아무래도 접근방식이 다른 것 같다. 유키는 좀더 구체적으로 알고 싶었다.

"기회손실을 관리하는 데 실패하면 회사는 어떻게 되죠?"

"내가 반도체 기업의 컨설턴트로 있었을 때의 이야기를 해줄게. 반도체 가격의 폭락으로 그 회사의 실적이 악화됐어. 그러나 거기서 신규 설비투자를 주저하면 한국과 대만에 뒤처질 게 뻔했지. 그래서 그때야말로 승부를 걸어야 한다고 사장을 설득했지만, 결국 투자는 뒤로 미뤄졌어. 그 허점을 노리고 경쟁상대인 한국 기업은 연구개발이나 신세대 반도체 설비투자에 5천억 엔 이상을 쏟아부은 거야. 결과적으로 내 의뢰인은 반도체 시장을 일순간에 빼앗겨버렸지. 실제의 기회손실은 사장이 예상했던 액수를 훨씬 초과했어. 유키 양의 어머니께서 주식을 사지 않아 얻을 수 없게 된 가격상승이익과 같은 이치지."

중국으로 진출하는 방법

유키는 중국에 생산 자회사를 설립하는 안이 합리적인지 판단할 수 없었다. 중국에 자회사를 설립함으로써 얻게 될 이점이 분명하지 않아서였다. 생산관리부장은 중국이 저임금이기 때문에 자사보다 훨씬 싸게 제품을 만들 수 있다고 했다. 하지만 유키는 최초의 투자자금을 생각하면 정말로 유리한 것인지 확신할 수 없었고 해답을 찾지 못한 채 점점 지쳐갔다.

"지금까지 공부한 내용을 떠올려봐. 자회사를 설립한다는 것은 새로운 현금제조기를 구입하는 것과 같아. 이 투자가 합리적인지 아닌지는 그 자회사가 장기간에 걸쳐 한나에 가져오게 될 현금(현금흐름)의 크기로 판단해야 해."

"최초의 투자금액과 증가하는 현금흐름 총액의 현재가치를 비교하라는 말씀이세요?"

"맞아! 한나는 중국 자회사에서의 구입가격을 가능한 한 낮게 억제하는 거야. 즉 중국 자회사에서는 이익이 발생하지 않도록 하는 거야. 이렇게 하면 한나의 구입원가는 내려가고, 그 내려간 금액만큼 한나의 이익은 증가하게 돼. 거기서 장래에 예상되는 현금흐름의 현재가치와 최초의 투자금액을 비교해, 현금흐름의 현재가치가 투자금액보다 크면 중국에 자회사를 설립하는 방법이 유리하다고 판단할 수 있는 거야."

유키는 중국에 가본 적도 없고 중국에 대해서도 잘 몰랐지만, 중국 비즈니스의 어려움은 익히 들어 알고 있었다.

'정말로 충분한 현금흐름을 획득할 수 있을까? 만에 하나 현금흐름을 기대할 수 있다고 해도 어떻게 현재가치를 계산하지?'

유키가 이런 생각을 말하자, 아즈미가 설명해주었다.

"현재가치의 계산은 단순하지 않아. 왜냐하면 리스크를 예상할 수 없기 때문이지."

현금흐름의 현재가치는 전제조건에 따라 크게 달라진다. 장래의 리스크를 고려하면 결론이 뒤바뀔 수도 있다. 예를 들어 장래의 리스크를 고려한 중국 비즈니스의 현재가치 할인율은 일본에서 투자하는 것보다 높아진다. 그렇게 되면 현금흐름의 현재가치는 예상보다 더 낮아지고, 당초의 투자금액에 미치지 못할지도 모른다. 하지만 생산 관리부장은 이런 리스크를 생각하지 않고 제품원가가 절감된다는 이유 하나만으로 직감적·충동적으로 중국 진출을 제안한 것이다.

"선생님께서는 중국으로 진출하는 방법에 찬성하세요?"

유키가 단도직입적으로 묻자 아즈미가 말했다.

"나는 자회사를 설립해서 중국으로 진출하는 방법에는 찬성할 수 없어. 현재 한나의 인재로는 이 회사를 경영할 수 없기 때문이야. 더욱이 만약 경영에 실패해도 중국에서는 간단히 물러날 수 없어. 회사를 청산하려면 중국 정부의 허가가 필요하거든. 그 허가가 떨어질 때까지 이러지도 저러지도 못하는 상태가 될지도 몰라."

아즈미의 대답을 듣자, 유키는 중국 진출 제안을 받아들이지 않기로 굳게 결심했다.

중국 기업에 생산을 위탁하면?

"공장을 폐쇄하고 제휴처인 중국 제조업체에 모든 제품을 위탁하는 방법은 어떨까요?"

"그 방법도 권장할 만한 것은 못 돼."

아즈미는 유키의 질문이 끝나자마자 곧바로 부정했다.

국외에서 생산할 경우, 제품원가와 운송료를 동시에 낮추려면 한 번에 소품종의 제품을 대량으로 발주해야 한다. 이 때문에 제품의 기획에서 발매까지의 기간이 길어진다. 적어도 반년 전에는 신제품 생산준비를 시작해야 한다.

하지만 어패럴 제품은 히트 상품 예측이 어렵다. 날씨에 크게 좌우되기도 하고, 경쟁상대도 헤아릴 수 없을 정도로 많다. '더 일찍 발표할 것을' '더 많이 만들 것을' '생산량을 더 줄일 것을' 등과 같은 기회손실과의 싸움이기도 하다. 따라서 시장정보에 세심한 주의를 기울이면서 생산과 재고 매수를 결정할 필요가 있다. 경영전략이 확고하지 않은 이상 국외생산은 리스크가 너무 크다.

"유키 양이 지향하는 회사에 국외생산방식은 적합하지 않아. 더욱이 이 방식은 현금을 장기간 정체시키는 결과를 가져오지. 다시 말해 자금효율이 아주 낮다는 말이야. 이 중대한 시기에 자사공장을 폐쇄하고 국외의 회사에 생산을 위탁하자는 제안은 심각하게 고민해볼 가치도 없어."

유키는 개운하지 않던 감정이 한꺼번에 사라지는 듯했다. 이것으로 생산관리부장이 제안한 두 번째 방법도 받아들일 수 없다고 다짐했다.

직접 만들 것인가, 외주를 줄 것인가

세 번째 방법에 대한 고민이 남았다.

생산관리부장이 외주를 적극적으로 활용하려는 데는 그만한 이유가 있다. 현재의 자사공장에서는 잔업을 하지 않는 한 추가주문에 응할 수 없다. 그러나 자사 직원들에게 잔업대금을 지급하면 적자를 면하기 어렵다. 하지만 가공단가가 싼 외주를 활용하면 이익이 발생할 수 있기 때문이다.

"생산관리부장이 이런 설명을 했어요. 지난주 120만 엔(한 벌에 1만 2천 엔)에 겨울용 외투 추가주문이 100벌 들어왔어요. 이 옷의 제품원가는 한 벌당 1만 엔(재료비 6천 엔, 가공비★ 4천 엔)이에요. 자사공장에서 생산하면 잔업수당과 전기료를 합쳐 잔업대금 20만 엔이 추가로 들어가요. 그러면 100벌의 제품원가는 이 잔업대금을 더한 120만 엔이 되어 이익이 없죠. 하지만 외주를 주면 40만 엔으로 해결돼요. 여기에 재료비 60만 엔을 더하면 제품원가는 100만 엔이 되어 20만 엔의 이익이 발생하는 거죠."

하지만 유키는 생산관리부장의 이 제안에 왠지 거부감이 들었다. 가능한 한 현금은 사용하고 싶지 않아서였다. 하지만 생산관리부장은 오히려 회사 밖으로 현금이 나가는 쪽이 합리적이라고 했다. 유키는 이해할 수 없었고, 따라서 될 수 있는 한 자사공장에서 제품을 생산하고 싶었다. 잔업수당이 늘어나면 직원들도 틀림없이 기뻐할 것이라고 생각했다.

"생산관리부장은 외주를 활용하면 20만 엔 정도 유리해진다고 했지만 저는 도무지 모르겠어요."

"유키 양의 직감이 맞아."

아즈미는 설명하기 시작했다.

"자사에서 직접 만들어도, 외주를 줘도 공장유지비(고정비)는 변하지 않아. 이 비용은 의사결정을 하는 데 전혀 고려할 필요가 없어(매몰원가★★). 재료도 이미 구입이 끝난 상태여서 새로이 현금을 지출할

★ 제조원가 중 재료비와 외주비 이외의 원가를 뜻한다. 여기서는 재단과 봉제의 활동원가와 같다.
★★ 기회손실과는 다른 개념으로 Sunk Cost라고도 한다. 이는 어느 쪽을 선택해도 똑같이 발생하는(선택한 대체안에 영향을 받지 않는) 원가를 말한다.

생산관리부장의 생각

자사에서 직접 만드는 방법

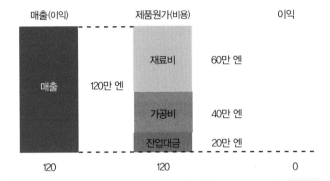

자사에서 제조하면 제품원가는 재료비 60만 엔과 가공비 40만 엔, 잔업대금 20만 엔이 더해져 이익이 없다

외주를 주는 방법

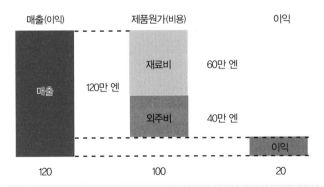

외주를 주면 제품원가는 재료비 60만 엔과 외주비 40만 엔으로 해결되므로 20만 엔이 이익으로 남는다

아즈미의 설명

추가적인 현금 수입	자사에서 만드는 방법 (매출)	120만 엔			
	외주를 주는 방법(매출)	120만 엔			
	차액	0			
추가적인 현금 지출	자사에서 만드는 방법 (잔업대금)				20만 엔
	외주를 주는 방법(외주비)			40만 엔	
	차액			20만 엔	
이익	자사에서 만드는 방법	100만 엔			
	외주를 주는 방법	80만 엔			
	차액			20만 엔	

자사에서 생산하면 120만 엔의 현금수입과 20만 엔의 현금지출이 발생해 이익은 100만 엔이다. 외주를 주면 이익은 80만 엔, 따라서 자사에서 만드는 것이 20만 엔 정도 유리하다

필요가 없거든(이것도 매몰원가). 이번 경우에서 변하는 것은 잔업대금과 외주비뿐이야. 자사공장에서 생산하면 120만 엔의 현금수입(매출)과 20만 엔의 현금지출(잔업대금)이 발생해 이익은 100만 엔이지. 외주를 주면 이익은 80만 엔(현금수입 120만 엔 - 외주 지급 40만 엔)이 되는 거야. 다시 말해 이익의 크기는 자사에서 만드는 것이 외주를 활용하는 것보다 20만 엔이 더 많아지지(차액이익★)."

"자사공장에서 만드는 것이 더 유리하군요."

"맞아! 생산관리부장은 잔업대금의 지급분만큼 매출원가가 증가한다고 단순하게 생각한 듯싶군."

"그 방법도 받아들일 수 없는 거군요."

유키의 얼굴에 미소가 번지기 시작했다.

"지난번에도 설명했듯이 재료비와 공장유지비의 삭감, 제조속도를 올리는 일에 전력을 다해봐. 제품원가는 틀림없이 낮아질 거야."

이 세 가지 방법은 생산관리부장과 경리부장이 생각해냈을 것이다. 이들은 어려운 문제를 제시해 최고경영자인 유키를 시험하려는 게 틀림없었다. 유키는 그런 술책에 넘어가 허둥대던 자신이 한심하기 이를 데 없었다.

어느새 요리도 와인도 다 떨어졌다. 아즈미와 유키는 다음번 만남을 약속하고 가게를 나왔다.

★ 어떤 안을 채택한 경우에 변동하는 수익(관련수익)과 비용(관련원가)의 차액을 말한다. 그리고 차액이익으로 복수의 대체안 우열을 판단하는 분석기법을 차액원가수익분석(Differential Cost and Revenue Analysis)이라고 한다. 자사에서 만들 것인지, 외주를 줄 것인지에 관한 의사결정도 이것의 일종이라고 할 수 있다.

전략적 의사결정과 전술적 의사결정

경영의 의사결정에는 '전략적 의사결정'과 '전술적 의사결정'이 있다.

전략적 의사결정은 장기적 관점에서 무엇을 실행하고 실행하지 않을지를 선택해 경영 자원을 집중하는 것을 말한다. 다시 말하면 사람·물건·돈이라는 경영자원의 배분을 결정하는 일이며 중기경영계획을 실행에 옮기는 일로 생산관리부장이 제안한 첫 번째 와 두 번째 방법이 이에 해당된다.

반면, 전술적 의사결정은 단기적인 관점에서 실제로 일어난 과제(장애물)에 어떻게 대처 해나갈지를 결정하는 방법이다. 이는 직원의 수나 설비 등 경영자원을 전제(중기경영계 획에서 이미 배분이 끝났음)로 일상적인 업무 활동에서 이루어진다. 본문에서 보면 세 번째 방법(직접 만들 것인가, 외주를 줄 것인가)이 그 대표적인 예다.

전략적 의사결정은 장래의 방향성을 결정짓는 것이므로 회사에 절대적인 영향을 미친 다. 아즈미가 예로 든 일본 반도체 업계가 한국에 뒤처진 것도, 도요타 자동차가 적극적 인 투자로 세계 제2의 자동차 제조업체가 된 것도 전략적 의사결정의 결과(기회손실의 관리)다.

한편, 전술적 의사결정은 사람·물건·돈이라는 경영자원의 배분을 토대로 눈앞에 닥 친 과제에 대처해나가는 것이므로 판단 실수의 수정도 가능하다.

제10장

셜록 홈스의
예리한 관찰력과
행동력 따라잡기

월별결산이 적자인 이유

한나에 사기를 친 거래처 사장이 체포됐다. 대량의 한나 제품이 어느 영업창고에서 발견됐다고 경찰에서 연락이 왔다. 피해를 최소한으로 줄일 수 있을 것 같다.

간부회의에서는 생산관리부장의 제안이 모두 기각됐다. 이 결정으로 특히 공장에서 일하는 작업자들의 사기가 향상됐다. 잔업시간은 당초 생산관리부장이 예상한 절반에 지나지 않았다. 작업자들도 자발적으로 생산성을 올리기 위한 연구를 시작한 듯했다.

유키는 직원들에게 모두 임시상여금을 지급하기로 했다. 많은 액수는 아니지만 회사가 가장 어려운 때인 지금, 모두가 분발해주었으면 하는 마음에서였다.

간부회의에서 경리부장과 생산관리부장이 임시상여금 지급을 맹렬히 반대했다. 1엔이라도 더 빚을 갚는 데 사용해야 한다며 신임 사장인 유키를 다그쳤다. 그러나 유키는 한 걸음도 양보하지 않았다.

그보다 회의에서는 다른 문제가 대두되었다. 월별결산이 적자로 전락한 것이다. 경리부장은 반품이 늘었기 때문이라고 설명했다. 더욱이 반품 중에는 최근에 신제품으로 출시한 여성용 비즈니스 슈트가 섞여 있다고 말했다. 그 여성용 비즈니스 슈트는 유키가 자신 있게 기획한 제품이었다.

　한나의 주거래은행 지점장과 약속한 시간까지는 앞으로 불과 1개월밖에 남지 않았다. 유키는 불안했다.

　큰 접시에 가득 담긴 복어회를 보며 아즈미는 기쁜 듯이 미소 지었다. 젓가락으로 복어회를 한 점 집어 달콤새콤한 소스에 흠뻑 적신 뒤 입으로 가져갔다.

　"이 가게에서 내놓는 자연산 자지복(복어목 참복과의 바닷물고기)에 필적할 만한 맛은 없을 거야."

　아즈미는 잔에 따라진, 투명한 거품이 가득 올라온 술을 맛있게 들이켰다.

　"복어에는 역시 쌉쌀한 샴페인이 최고야."

　오늘은 유키가 유독 기운이 없어 보였다. 이달 들어서는 경리부장과 생산관리부장에게서 중압감을 느끼지 않은 날이 없었다. 회의에서는 노골적으로 반대의견을 던지기 일쑤였다. 더욱이 경리부장과 은행 지점장은 유키 몰래 빈번히 서로 연락을 취하는 듯했다. 유키는 몹시 지쳤다.

　"경리부장에게 반품의 이유를 물어봤지만 경리업무가 아니라고 대답을 거절당했어요."

유키는 퀭한 눈으로 말했다.

"사장에게 너무 무례하군. 경리부장으로서 대답할 의무가 있는데 말이야. 그렇지만 그에게 이유를 묻는 건 어쩌면 가혹한 일인지도 몰라."

"저한테 심술을 부리려는 게 아니라, 그의 능력 문제라는 말씀이세요?"

"엄밀히 말하자면 주주총회용 결산서와 세무신고서 작성만이 그의 업무라고 할 수 있어. 하지만 회계는 경리정보 그 자체이기 때문에 회계책임자는 경영자의 관점을 갖고 있어야 해. 그런데 그에게는 그런 관점이 없어!"

아즈미는 유달리 큰 소리로 말했다.

"유키 양은 지난달에 반품이 많았던 이유가 뭐라고 생각해?"

유키는 골똘히 생각했지만 알 수 없었다.

"지난달 반품의 대다수인 여성용 비즈니스 슈트는 제가 자신 있게 기획한 제품이었어요. 시판 전에 예약으로 동날 정도였거든요."

"하지만 현실은 달라."

"네?"

"유키 양은 아마도 결산서의 숫자를 보고 허둥댔을 거야. 하지만 진정한 경영자라면 결산서의 이면에 진실이 숨겨져 있다는 사실을 알아야 해."

아즈미는 이렇게 말하고 유키의 어깨를 툭 쳤다.

"손익계산서를 보면 반품이 늘어 이익이 줄었다는 것을 알 수 있어. 그러나 반품 발생 원인까지 거슬러 올라가 상세하게 해명할 수는 없어. 예를 들어 어느 제품이 되돌아왔는지, 어떤 이유로 되돌아왔는지, 반품의 원인이 고객에게 있는지 또는 회사에 있는지, 회사에 있다면 디자인에 있는지 또는 품질에 있는지를 알 수 없다는 거지. 이 부분이 회계의 한계라고 할 수 있어."

"적자의 원인이 신제품에 있다는 회사 분위기는 저에게 책임을 전가하기 위해 경리부장과 생산관리부장이 꾸민 거로군요."

유키는 차가워진 샴페인을 단숨에 들이켰다.

"어떻게 하면 좋을까요?"

"문제의 원인을 밝혀내야지."

옛 동료의 도움을 받아

"제조부에서 유키 양이 가장 신뢰하는 직원을 지금 이곳으로 오라고 해봐."

유키는 주저 없이 제조부장에게 전화를 걸었다.

제조부장은 잠시 망설였지만 이내 오겠다고 했다. 그는 원래 디자인부에 있을 때 유키의 동료였고, 유키가 사장에 취임할 때 제조부장으로 발탁됐다. 때문에 선임자인 간부의 경계를 받고 있기도 했다.

유키가 전화한 지 1시간이 채 지나지 않아 제조부장이 도착했다. 공장 근무자로서는 세련된 청년이었다. 제조부장은 예의를 갖춰 가볍게 인사하고 나서 유키의 옆에 앉았다.

"이곳으로 부른 이유는……."

유키는 지금까지의 사정을 설명했다. 그리고 마지막으로 덧붙여 말했다.

"당신의 협력 없이 한나를 재건하기는 어려워."

제조부장은 유키의 말에 씩씩한 운동선수처럼 큰 소리로 기꺼이 돕겠다며 긍정적으로 화답했다.

아즈미가 그런 제조부장에게 물었다.

"유키 양에게 반품에 관한 이야기는 들었네. 어떤 제품이, 어디서, 어떤 이유로 되돌아왔는지를 제조부장이 파악하고 있는 대로 말해줄 수 있을까?"

그러자 조리 있게 대답했다.

반품의 대부분은 유명 백화점에서 나왔고, 그중 절반가량은 3개월 이상 팔리지 않아 계속 쌓인 재고품이었다. 한나와 백화점 사이에는 위탁판매(반품 자유) 관계를 체결하고 있어서 계절이 바뀔 때마다 한꺼번에 되돌아오는 경우가 있다. 그러나 나머지 반은 신제품이었다. 문제는 이 신제품의 반품 원인이다.

"왜 되돌아온 걸까?"

"일부는 잘못 출하된 것입니다. 다른 고객에게 보낼 제품을 실수로 그 백화점에 배달한 것입니다."

"어떻게 그런 일이 있을 수 있지?"

"그런 일이 가끔 있습니다. 제품의 포장과 출하는 모두 수작업으로 이루어지므로 깜박하면 발송지를 착각할 수도 있습니다."

업무의 전산화를 게을리한 결과다.

"나머지 원인은 뭔데?"

"그건 잘 모르겠습니다."

제조부장은 출하검사 당시의 자료를 조사해봤지만, 옷감에서도 봉제에서도 문제점을 찾을 수 없었다. 제품은 분명히 기준에 어긋나지 않았다. 신제품에는 회사의 운명이 걸려 있기 때문에 출하검사는 신중히 이루어진다. 하지만 불량품이라는 이유로 대량 반품된 것이다.

'왜 되돌아온 걸까?'

유키는 그 이유가 궁금해 견딜 수 없었다.

잠자코 음식을 먹고 있던 아즈미가 입을 열었다.

"의외의 장소에 문제가 숨어 있진 않을까?"

출하검사에서 불량품을 잡아내지 못했을 가능성도 있다. 제조부장은 열심히 기억을 더듬었다.

"그러고 보니 그 제품은 영업부에 클레임이 쇄도했습니다."

제조부장의 입에서 뜻밖의 말이 나왔다. 유키는 도저히 이해할 수 없었다. 신작 발표회에서 여성용 비즈니스 슈트는 대단히 평판이 좋았기 때문이다. 그런데 클레임이 쇄도했다니?

유키는 제조부장에게 말했다.

"주저하지 말고 당신 생각을 모두 이야기해줘."

"클레임은 두 가지였습니다."

제조부장은 그때의 일을 떠올리면서 천천히 이야기를 시작했다.

첫 번째는 여성용 비즈니스 슈트의 색상이었다. 주문수량이 예상을 훨씬 뛰어넘었기 때문에 옷감을 추가로 구입했다. 하지만 옷감의 색상이 처음과 미묘하게 달랐다.

두 번째는 디자인의 변화였다. 봉제공정에서는 자발적으로 작업방법을 개선하고 있다. 그런데 이 신제품은 디자인이 복잡해서 봉제실수가 많이 발생했다. 그래서 개선을 거듭한 결과, 디자인이 다소 바뀌었다는 것이다.

색상과 디자인이 카탈로그와 다르면 클레임이 발생하는 건 당연하다.

"반품의 원인은 그거였어. 세련된 사람이라면 절대로 그 슈트를 구입하지 않을 거야. 그렇지만 왜 출하를 허락한 걸까?"

유키는 이 점을 납득할 수 없었다. 제조부장은 이 점도 조사했다.

"검사부는 선뜻 판단이 서지 않아 출하를 보류했습니다. 하지만 생산관리부장이 와서 '품질에 문제가 없으니 납기대로 출하하도록 해!' 하고 지시했다더군요. 출하한 이상, 출하검사는 '문제 없음'이라고 할 수밖에 없었을 겁니다."

"왜 생산관리부장은 그런 지시를 한 거지?"

"납기를 지키려는 마음에 그랬을 것으로 생각합니다."

유키는 참을 수 없는 분노를 느꼈다. 그러나 곧바로 냉정을 되찾았다.

"다음 출하는 언제지?"

"이틀 후입니다."

"여성용 비즈니스 슈트의 생산을 중단하지 않으면……."

제조부장이 즉시 공장에 전화를 걸어 확인해보니 대부분 봉제작업 중이었다. 두 번째 불량품 출하라는 최악의 사태는 면할 수 있었다.

반품은 최악의 사태

"반품은 여러 가지 원인에 의해 발생하는군요."

"반품은 경영에 있어 최악의 사태라고 할 수 있어. 애써 만들어 고객에게 건네준 제품이 다시 회사로 돌아와 폐기된다는 뜻이야. 더욱이 배송비는 모두 회사가 부담해야 해. 낭비 덩어리라고 해도 좋아. 경영자는 반품을 사전에 방지하고자 한다면 사업의 흐름이나 현장을 숙지해야 해."

"회계에 의지해서는 안 된다는 뜻인가요?"

"그렇지 않아. 회계는 대단히 중요해. 그러나 회계수치가 곧 사실은 아니야. 어디까지나 회계는 사실을 파악하는 실마리라고 생각해야 해. 다시 말해 회계수치에서 이상한 점을 발견했다면 바로 그 점을 돌파구로 삼는 거지. 현장에 가서 관계자의 이야기를 듣고 그 원인을 철저히 규명하는 거야. 그렇게 하면 진실이 저절로 보이게 될 뿐더러 개선의 길도 보이게 돼."

"증거에서 범인을 색출해내는 명탐정 같군요."

"그래! 혼신을 다해 증거를 수집해서 숨겨진 진실을 밝혀내는 거야. 유키 양을 비롯해 전 직원이 셜록 홈스와 같은 날카로운 행동력을 갖추는 것이 중요해."

Key
Point

숫자의 이면에 숨겨진 의미를 알아내려면

회계 전문가는 '회계수치를 가만히 주시하면 숫자의 이면에 숨겨진 진실이 서서히 드러난다'고 말한다. 이 책에서는 여러 번에 걸쳐 회계는 근사치이며 눈속임 그림이라고 말해왔기 때문에 믿기 어렵다고 생각하는 독자들이 많을 것으로 생각한다. 그러나 자신이 관여하는 회사라면, 회계수치를 보는 것만으로도 숫자의 이면에 숨겨진 활동 장면이 파노라마처럼 선명하게 펼쳐진다.

회계수치에서 회사의 실태를 정확하게 파악하는 방법에는 두 가지가 있다.

하나는 회사 내부 활동 실태를 가시화할 수 있는 관리회계 시스템을 도입하는 방법이다. 여기에는 균형성과기록표Balanced Score Card/BSC나 활동기준원가계산Activity Based Costing/ABC, 활동기준경영관리Activity Based Management/ABM 그리고 아메바 기업Mini Profit Center(최고경영자가 따로 있는 것이 아니라 사안에 따라 각자의 주특기를 살려가며 유연성을 발휘하는 새로운 개념의 기업 형태) 등이 있다.

또 하나는 전통적인 관리회계의 한계를 인식하고 결여된 정보를 자신의 눈과 발을 사용해 보충하는 방법이다.

회계에 종사하는 사람이라면 우선 후자의 방법을 명심해야 한다. 조금 전에 '숫자의 이면에 숨겨진 활동 장면이 파노라마처럼 펼쳐진다'고 말했지만 회계수치에서 진실을 파악하려면 전제조건이 충족되어야 한다. 바로 회사의 비즈니스를 정확히 이해하는 것이다. 그리고 시간이 허락하는 한 몇 번이라도 직접 현장을 찾아가 경영관리자나 작업자와 이야기를 나누고 영업소, 창고, 공장 등을 구석구석 돌아보는 것이다. 또 신문이나 경제 관련 잡지를 반드시 검토하고, 경제의 움직임과 그 회사가 속한 업계가 현재 어떤 상황에 처해 있는지를 아는 것이 필요하다.

회계 지식만으로는 숫자의 이면에 숨겨진 사실이 절대 보이지 않는다는 사실을 명심해야 한다.

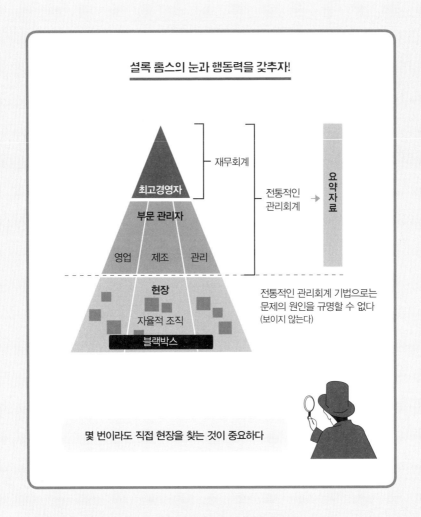

회계의 속임수에
속지 말자!

새내기 사장과 임원과의 대결

유키가 사장에 취임한 지 꼭 1년이 지났다.

오늘은 주거래은행 지점장에게서 최종 결정이 내려지는 날이다. 회의실에는 경리부장과 생산관리부장 그리고 지점장이 무뚝뚝한 표정으로 앉아 있다.

유키는 전혀 불안하지 않았다. 정신없이 앞만 보고 달려온 1년이었다. 정말 오늘 이 순간까지 잘 견뎌왔다고 생각했다. 과감히 구조조정을 단행한 보람이 나타나 업적은 급속도로 회복됐다. 이익은 늘고 재고가 줄었으며, 외상매출금도 순조롭게 회수되어 현금흐름이 증가했다. 더욱이 사업에 필요한 운전자금량도 극적으로 감소했다. 그리고 무엇보다도 주요 현안인 은행차입금이 많이 줄어들었다.

회의가 시작되자 경리부장이 당기 결산보고를 시작했다. 숫자를 읽어내려갈 뿐 억양 없는 재잘거림에 유키는 몇 번이나 졸음을 쫓아야 했다. 하지만 경리부장이 내뱉은 마지막 말을 듣는 순간 졸음이 확 달아나버렸고, 자신의 귀를 의심하기에 이르렀다.

"다시 말해 당기는 노력한 보람도 없이 적자였습니다."

유키는 도무지 믿기지 않았다.

반품 소동은 있었지만 직원들의 분발로 이익이 발생했을 것이다. 그 증거로 재무상황은 상당히 호전됐다.

지점장은 벌레라도 씹은 듯한 얼굴로 팔짱을 끼고 있었다. 설명을 끝낸 경리부장이 유키를 향해 말했다.

"사장님, 참 잘했습니다."

명백한 비아냥거림이었지만 유키는 그 빈정대는 말을 귀담아듣지 않았다. 있을 수 없는 일이었다. 업적은 나쁘지 않았다. 직원들도 이전과 비교해 눈에 띄게 밝아졌다.

'그런데 어째서 적자가 된 걸까?'

"회계는 사실을 표현하고 있습니다. 이 책임은 최고경영자인 당신에게 있습니다. 따라서 책임을 지고 사장직에서 물러나야 합니다."

경리부장은 유키를 위협했다.

그때 유키는 아즈미의 말을 떠올렸다.

지금 경리부장은 '회계는 사실'이라고 했지만, 그건 틀렸다.

"지난해의 결산서와 올해의 현금흐름표를 보여줄 수 있나요?"

"그럴 필요가 있습니까? 적자라는 사실에는 변함이 없는데요?"

경리부장은 유키의 요구를 거절했다.

"사장은 나예요. 지금 당장 보여줘요!"

유키는 다리가 부들부들 떨리는 것을 참으며 의연하게 응수했다.

"나에게도 보여줄 수 있습니까?"

이렇게 말한 사람은 의외로 지점장이었다.

"다음에 보여드리면 안 되겠습니까?"

경리부장이 지점장에게 되물었다.

"오늘은 귀사에 융자를 계속할 것인지 말 것인지를 결정하는 날입니다. 내일까지 기다릴 수는 없습니다."

경리부장은 어쩔 수 없다는 듯 요구된 자료를 가지고 오라고 지시했다. 이윽고 현금흐름표가 두 사람에게 배부됐다. 유키는 아즈미의 말을 떠올리면서 재무상태표와 손익계산서의 숫자와 함께 현금의 흐름을 신중히 살펴봤다.

먼저 재무상태표의 숫자를 전기와 비교해봤다. 재고금액과 외상매출금이 눈에 띌 정도로 감소했다.

아즈미가 말한 '현저한 숫자의 증감'이다.

유키는 그 숫자가 한눈에 보이도록 표시했다. 효율적인 생산방식으로 인해 재공품이나 제품의 재고가 줄어든 것은 이해할 수 있다. 그러나 줄어든 방법이 이상했다.

'왜 이렇게 재고가 줄어든 걸까?'

짐작되는 바도 없었다.

외상매출금의 감소는 훨씬 더 이상했다. 생산수량이나 출하수량이 증가했는데도 외상매출금이 감소했다. 도저히 이해할 수 없었다.

다음에는 손익계산서를 꼼꼼히 훑어봤다. 이쪽도 드문드문 이상한 곳이 눈에 띄었다. 출하수량이 증가했는데도 매출금액은 전기와 거의 변동이 없었다. 더욱이 그토록 원가를 낮췄는데도 총이익률이 악화됐다.

유키는 마지막으로 현금흐름표에 눈을 돌렸다.

제일 먼저 눈에 띤 것은 당기손실에서 시작했는데도 영업현금흐름의 흑자 규모가 대단히 크다는 점이다. 그리고 그 영업현금흐름의 대부분은 차입금 상환에 충당하고 있었다. 다시 말해 한나는 확실히 이익을 냈다는 이야기다.

그런데 왜 결산수치는 적자일까?

맞은편에 앉아 있는 지점장은 전자식 탁상계산기를 두드리며 은행원답게 숫자의 관련성을 확인하고 있었다. 그리고 몇 번이나 고개를 갸웃거렸다. 선뜻 결산서의 숫자를 납득할 수 없다는 듯한 모습이다.

"회계처리를 변경했습니까?"

"나는 지시한 기억이 없습니다만……."

다소 상기된 목소리로 경리부장이 대답했다.

"그렇습니까?"

이렇게 말하며 지점장은 또다시 계산기를 두드렸다.

유키는 이해할 수 없었다.

이 숫자의 움직임은 너무나도 비정상적이었다. 몇 번이나 결산서를 꼼꼼히 훑어봤다. 그리고 지금까지 몇 번이나 발품을 팔며 돌아다닌 공장이나 영업소에서 일하는 직원들의 모습, 그리고 그들과의 대화를 떠올렸다. 그러자 결산서에서 눈속임 그림이 벗겨지면서 본질이 보이기 시작했다.

'적자일 리가 없어!'

유키는 확신했다.

흑자결산을 적자결산으로

'이건 역분식이야!'

어떻게 해서 흑자결산을 적자결산으로 바꾼 걸까? 유키는 정신을 집중해 그 수법이 무엇인지를 찾아내려 했다.

'그렇지! 좌측통행에서 우측통행으로 바꾼 거야.'

매출의 계상 시기를 늦춘 것이다.

이전부터 한나는 공장에서 제품을 출하한 날을 기준으로 매출을 계상해왔다. 따라서 제품의 출하수량이 증가했다면 매출액도 증가해야만 한다. 하지만 매출액은 거의 증가하지 않았다. 그렇다면 당기매출을 차기매출로 바꿔놓은 게 틀림없다. 아마도 매출 계상 날짜를 출하일에서 단골 거래처의 검수일로 변경했을 것이다.

또 하나 이해할 수 없는 것은 재고의 감소다. 이번 개선 활동의 결과, 여분의 재고를 보유하지 않게 됐고 제조속도도 빨라졌다. 불량재고는 대부분 처분했다. 유키는 이런 사정을 등을 고려할 때, 결산서의 재고금액이 줄어든 이유를 이해할 수 없었다.

특히 의심쩍은 건 재공품과 제품이었다. 재고를 정리할 때 고의로 몇 개의 재공품과 제품을 제외했을지도 모른다. 그러나 그건 회사 전체가 공모하지 않으면 불가능한 일이다. 제조부장이 바뀌지 않는 한 이 가능성은 거의 제로에 가깝다. 이 결산 조작은 극히 적은 인원으로 이루어졌을 것이다.

'경리부장과 몇 명이 할 수 있는 조작이라 하면……'

마침내 유키는 그 방법이 무엇인지 찾아냈다.

'그렇지! 간접비(고정비)의 배부방법을 바꾼 거야!'

제품원가는 재료비와 간접비(직접적으로 집계할 수 있는 비용을 제외한 비용)로 구성된다. 이전부터 한나는 작업시간을 기준으로 간접비를 재공품(완성되기 전의 공정재고)과 제품에 부담시켜왔다. 하지만 당기결산에서는 그 회계처리 방식을 변경해 재공품과 제품 및 재료비만으로 계산하도록 한 것이다. 다시 말해 간접비를 전액 당기비용으로 처리했다. 비용이 많아지면 그만큼 명목상의 이익은 적어진다. 이 회계처리는 결산결과가 나쁘게 보이도록 경리부장이 생각해낸 것임에 틀림없다.

유키는 강한 어조로 이야기했다.

"경리부장님, 역분식이지요?"

"무슨 소리입니까? 지점장님께 융자를 계속해달라고 부탁하는 상황에서 왜 흑자를 적자로 만들겠습니까? 저는 이 회사의 경리부장 겸 이사란 말입니다!"

경리부장은 거칠게 말하며 완강히 부인했다.

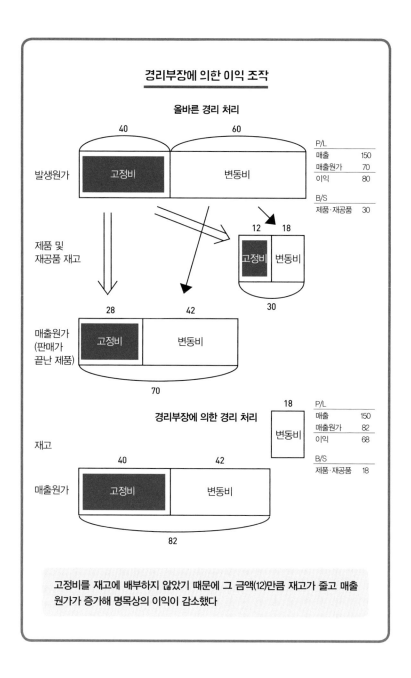

경리부장에 의한 이익 조작

올바른 경리 처리

발생원가

40 고정비 60 변동비

P/L
매출	150
매출원가	70
이익	80

B/S
| 제품·재공품 | 30 |

제품 및
재공품 재고

12 고정비 18 변동비
30

매출원가
(판매가
끝난 제품)

28 고정비 42 변동비
70

경리부장에 의한 경리 처리

재고

18 변동비

P/L
매출	150
매출원가	82
이익	68

B/S
| 제품·재공품 | 18 |

매출원가

40 고정비 42 변동비
82

고정비를 재고에 배부하지 않았기 때문에 그 금액(12)만큼 재고가 줄고 매출원가가 증가해 명목상의 이익이 감소했다

그때까지 팔짱을 끼고 생각에 잠겨 있던 지점장이 경리부장을 향해 말했다.

"나 역시 사장님과 같은 의견입니다. 현금흐름표를 살펴보면 명백합니다."

경리부장의 입 언저리가 조금씩 떨렸다. 그리고 창백하게 질린 얼굴로 자리를 떴다. 생산관리부장도 경리부장의 뒤를 쫓았다.

"사장님께 묻고 싶은 것이 있습니다."

지점장이 유키에게 말했다.

"만약 당신이 내 입장이라면 한나에 융자를 계속하시겠습니까?"

"물론입니다."

"그 이유를 들려주실 수 있습니까?"

"나에게는 이루고 싶은 꿈이 있습니다. 그 꿈을 실현하기 위해 한나는 1년 동안 다시 태어났습니다. 머지않아 빚도 모두 갚게 되겠지요. 따라서 융자를 중단할 이유가 전혀 없다고 생각합니다."

유키는 자신감으로 가득 차 있었다.

그 순간 유키와 지점장의 입장이 역전됐다.

"당신의 꿈에 나도 동참하고 싶군요. 앞으로도 저희 은행을 잘 부탁드리겠습니다."

그렇게 말하며 지점장은 유키에게 머리를 숙였다.

역분식이란?

이 책의 마지막 장 주제는 역분식이다.

이전에 분식회계는 성형수술과 같다는 이야기를 한 적이 있다. 자신을 실물보다 더 못생겨 보이게 하려는 사람이 있을까 생각할지도 모르지만, 실제로 가끔씩 그런 일이 일어난다. 그 목적은 업적 회복을 강조하려는 데 있다.

당기매출액을 억지로 차기에 계상함과 동시에 장래의 비용이나 손실을 앞당겨 인식함으로써 적자를 늘리고, 업적을 사실보다 더 나쁘게 보이도록 한다. 회계연도가 바뀌면 그 금액만큼 이익이 많이 계상되기 때문에 업적이 빠른 속도로 회복된 것처럼 보인다. 과거 V자 회복을 이뤄낸 닛산 자동차에서 그 사례를 찾아볼 수 있다.

• 닛산 자동차의 당기순이익 추이

불황에 허덕이던 닛산 자동차의 1999년도 업적은 6,844억 엔에 달하는 적자(연결결산)를 기록했다. 하지만 이듬해에는 3,331억 엔의 흑자를 계상했다. 그 차이는 1조 엔 정도로 언론들은 앞 다퉈 카를로스 곤Carlos Ghosn 사장을 극찬했고, V자 회복은 업적 회복을 갈망하는 일본 내 회사들의 신조가 됐다. 그러나 결산서를 자세히 살펴보면 한낱 허울 좋은 이야기에 불과하다는 걸 알 수 있다.

1999년도는 1998년도와 비교해 6천 억 엔이나 업적이 악화되었다. 이는 7천 500억 엔에 달하는 특별손실에 의한 것이지만 그 내역을 보면 공장 폐쇄, 조기 퇴직 할증금 등 2000년도 이후의 구조조정 비용을 일괄 계상하고, 처분 예정 부동산 중 잠재적 손실이 있는 부동산을 골라 매각함으로써 발생한 손실이다.

더욱이 연금채무도 한꺼번에 비용으로 계상했다. 다시 말해 숨어 있는 손실을 현재화

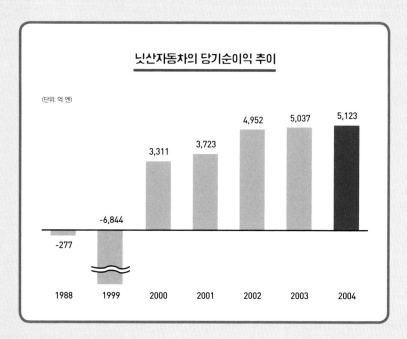

닛산자동차의 당기순이익 추이

(단위: 억 엔)

	1988	1999	2000	2001	2002	2003	2004
	-277	-6,844	3,311	3,723	4,952	5,037	5,123

시켰을 뿐만 아니라 구조조정 비용과 같이 장래의 비용을 앞당겨 인식하는 방법으로 계상한 것이다. 2000년도가 되면 일변해서 특별이익이 880억 엔으로 늘어나 특별손실 800억 엔을 상쇄한다. 특별이익은 잠재적 이익이 기대되는 부동산 매각과 더불어 감가상각 방식을 정률법에서 정액법으로 바꿔 도출한 결과다. 하지만 이 방법만으로 V자 회복은 곤란하다.

2000년도에서 특히 주목해야 할 점은 일본 시장에서의 영업비용이 1천 900억 엔 정도 감소하고 북미와 중남미에서의 매출액이 약 2천 500억 엔이나 증가한 것이다. 이는 일본에서 실시한 무리한 원가절감(구매금액의 11퍼센트를 절감)이 성과를 올린 결과다.

또 한편으로 북미와 중남미 시장에서의 매출액 증가와 재무상태표의 판매 금융채권이 5천 억 엔 가까이 증가하고 있는 데는 이유가 있을 법하다. 유가증권보고서에서는 그 핵심인 판매 금융채권의 증가 이유를 찾아볼 수 없다.

그래서 대담한 상상을 해보자면,

'연결대상회사가 아닌 판매회사에 대량으로 차를 판매했다. 판매회사는 닛산의 금융 자

회사의 자동차 할부금과 함께 자동차를 판매했다. 그 결과 닛산의 판매 금융채권은 부풀려졌다.'

유가증권보고서에는 방대한 자료가 가득 실려 있지만 정작 알고 싶은 정보는 실려 있지 않은 듯하다. 닛산 자동차가 리바이벌 플랜(회생계획)을 시작했을 무렵에는 굳은 결심으로 예산을 짰다는 것을 알 수 있다.

다시 말해 1999년도에는 손실을 분명히 밝히는 한편 비용을 앞당겨 인식하는 방법으로 사상 최저의 결산보고를 하고, 2000년도에는 규정위반이라고도 할 수 있는 수법을 남용해 분식회계에 가까운 결산보고를 해서 닛산 자동차가 빠르게 회복되고 있다는 인상을 나라 안팎에 심어준 것이다.

가네보나 라이브도어 등과는 차원이 다른 '고도의 회계전략수법'이라고 할 수 있다. V자 회복을 극구 칭찬했던 언론은 사실 '눈속임 그림'에 깜빡 속아 넘어간 것인지도 모른다.

닛산자동차의 소재지별 세그먼트(Segment) 정보

2000년	일본	북미	유럽	기타 외국	합계	소거 또는 모든 회사	연결
I. 매출액	백만 엔	백만 엔	백만 엔	백만 엔	백만 엔	백만 엔	백만 엔
1) 외부 고객에 대한 매출액	2,536,750	2,469,918	822,756	260,196	6,089,620	–	6,089,620
2) 세그먼트간 내부 매출액	1,381,037	12,134	17,606	2,410	1,413,187	△1,413,187	0
합계	3,917,787	2,482,052	840,362	262,606	7,502,807	△1,413,187	6,089,620
영업비용	3,743,458	2,331,590	867,548	258,617	7,201,313	△1,402,007	5,799,306
영업이익	174,329	150,462	△27,286	3,989	301,494	△11,180	290,314
II. 자산	4,984,516	2,416,774	425,172	76,373	7,902,835	△1,451,592	6,451,243

1999년	일본	북미	유럽	기타 외국	합계	소거 또는 모든 회사	연결
I. 매출액	백만 엔	백만 엔	백만 엔	백만 엔	백만 엔	백만 엔	백만 엔
1) 외부 고객에 대한 매출액	2,626,866	2,217,775	876,931	255,503	5,977,075	–	5,977,075
2) 세그먼트간 내부 매출액	1,328,623	22,499	13,216	2,766	1,367,104	△1,367,104	0
합계	3,955,489	2,240,274	890,147	258,269	7,344,179	△1,367,104	5,977,075
영업비용	3,936,059	2,152,934	928,259	261,355	7,278,607	△1,384,097	5,894,510
영업이익	19,430	87,340	△38,112	3,086	65,572	16,993	82,565
II. 자산	5,288,346	1,674,905	405,638	70,420	7,439,309	△898,125	6,541,184

프랑스 고급 레스토랑에서의
마지막 컨설팅

지점장은 유키에게 전면적인 협력을 약속했다. 그러나 유키는 은행에만 의지하는 경영방식을 계속 유지할 생각은 없었다. 어떻게 해서든 빚이 없는 경영을 실현하겠다는 생각을 하고 있다.

회의가 있고 나서 며칠 뒤, 경리부장과 생산관리부장은 사표를 제출했다. 유키는 두 사람에게 퇴직금을 더 많이 지급할 것을 약속했다. 정년이 되기 전에 조금 빨리 그만두게 한 대가였다.

유키는 함께 회사를 이끌어갈 제조부장과 같은 인재를 한 사람이라도 더 많이 찾아내야 한다고 생각했다. 그의 도움이 없었다면 한나의 재건도 없었을 것이다.

그러나 유키가 누구보다도 감사해야 할 상대는 아즈미다. 오늘은 아즈미의 마지막 컨설팅 강의가 있는 날이다. 유키는 약속장소인 프랑스 고급 레스토랑으로 향했다.

유키가 도착했을 때 아즈미는 소파에 앉아 샴페인을 마시고 있었다. 유키보다 조금 늦게 유키의 어머니가 도착했다. 오늘은 무슨 일이 있어도 아즈미에게 감사의 뜻을 표하고 싶다고 하여 갑작스럽게 함께 자리하게 됐다.

인원수를 확인하더니 연미복을 입은 웨이터가 화려한 별실로 그들을 안내했다. 아즈미는 테이블에 앉자마자 요리와 와인을 주문했다. 아즈미는 와인 목록에서 유달리 비싸 보이는 레드와인을 골랐다. 샤토 라피트 로트실드라는 프랑스 보르도 지방의 최고급 와인이었다.

"오늘은 내가 한턱내는 거야."

소믈리에는 코르크 마개를 딴 뒤 아즈미의 잔에 붉은 액체를 따랐다. 아즈미는 잔을 시계 반대 방향으로 돌리면서 향기를 음미하고는 입에 머금었다.

"완벽해!"

소믈리에는 모두의 잔에 와인을 따랐다.

"정말 잘했어."

아즈미는 유키의 노력을 칭찬했다.

"선생님을 비롯해 응원해주신 모든 분들 덕분이에요."

유키는 목이 메었다.

"나도 협력했잖아."

유키의 어머니가 말했다.

"그래요. 회사에서 집에 돌아갔을 때 어머니까지 낙담해 계셨다면 제가 마음 둘 곳이 없었을 거예요."

유키는 어머니가 자신을 위해서 밝고 씩씩한 모습을 애써 잃지 않으셨던 것이라고 생각했다.

서양 송이버섯과 캐비아가 수북하게 담긴 샐러드가 나왔다. 오늘은 최고로 호화로운 식사가 될 것 같았다.

"유키 양은 한나를 '일하는 여성을 격려할 수 있는 회사'로 만들고 싶다고 했지?"

아즈미가 유키에게 물었다.

"네!"

기분 좋은 취기 탓인지 유키는 자신의 꿈을 이야기하기 시작했다.

"세상의 모든 여성이 일에 열심히 몰두할 때, 무엇인가를 고민할 때, 결혼했을 때, 아이를 가졌을 때, 가족과 즐거운 한때를 보낼 때 그녀들을 떠받쳐주고, 격려해주고, 기분을 북돋워주고, 꿈을 주고, 위로해줄 수 있는 그런 옷을 만들고 싶어요."

"나에게는 좀 어려운 개념이지만 유키 양의 기분을 이해할 수 있을 것도 같아. 그럼 그 꿈을 실현하려면 어떻게 해야 할까?"

"재무적으로 건실한 회사, 선생님께서 가르쳐주신 것처럼 현금을 많이 창출할 수 있는 회사로 만들어야 해요."

"그래. 우선 재무적 기반이 전제조건이야. 복습이 되겠지만 재무적 기반을 충실히 하려면 수익(매출)을 늘리고 비용(원가)을 삭감해야 해. 특히 중요한 것은 수익을 늘리는 거야. 그러려면 매력적인 제품을 많이 만들어 비싸게 팔아야 해. 이 점에 대한 유키 양의 생각은 어때?"

"고객이 만족할 수 있는 제품을 만드는 게 최우선이에요. 그러기 위해서는 브랜드 가치를 높이고 품질 수준 또한 최대한 끌어올려야

겠죠. 또 고객이 싸게 잘 샀다고 느낄 수 있어야 하고, 어떤 옷보다 착용감이 편한 제품이어야 한다고 생각해요."

"생각이라……."

아즈미가 크게 고개를 저었다.

"생각만으로는 안 돼. 구체적으로 무엇을 하려고 하는지, 그 점을 알고 싶어."

"이미 실행에 옮기고 있어요. 디자인부를 강화했어요. 광고대행사에 다니는 친구에게 부탁해 대중매체를 활용한 홍보도 검토하기 시작했고요. 그리고 컨설턴트에게 공장 현장을 보이고 자문을 받기로 했어요."

아즈미는 요리를 먹는 중에도 질문을 멈추지 않았다.

"원가의 삭감이나 생산성 향상은 언제?"

"생산방식을 재평가하고 있어요."

"더 구체적으로 들려줄 수 있어?"

"제조속도를 단축해 결함비율 100퍼센트를 달성할 수 있는 생산 라인을 만들 예정이에요. 재료는 필요한 수량만 최저가격으로 구입하도록 했어요. 불필요한 재고를 보유하지 않는 생산 시스템의 도입을 생각하고 있어요. 이전에 데려가주신 메밀국수 가게처럼 경영하는 것이 목표예요. 너무 이상적인가요?"

"지향해야 할 이상이야. 그 이상을 실현하는 데 가장 중요한 요소가 뭐라고 생각해?"

"가장 중요한 요소요?"

예상치 못한 질문에 유키는 당황했다.

"유키 양의 회사에 없어서는 안 될 것 말이야."

"없어서는 안 될 것? 혹시 인재인가요?"

"맞아! 유키 양의 생각을 이해하고, 유키 양의 열정에 공감해서 이를 현장에서 실현해주는 것은 기계가 아닌 사람이야. 그 사람을 육성하는 일을 게을리하면 그 무엇도 실현할 수 없어. 목표는 그림의 떡으로 끝나버리게 돼."

아즈미는 그렇게 말한 뒤, 유키의 노트를 펼치더니 굵은 만년필로 그림을 그렸다. 아즈미가 이번 컨설팅 강의에서 그리는 마지막 그림이었다.

"이 그림은 지금 유키 양이 내게 말한 내용을 그림으로 나타낸 거야. 이것을 '균형성과기록표'라고 해."

유키는 노트에 그려진 그림과 함께 문자들을 하나하나 꼼꼼히 살펴봤다. 이 그림에는 자신이 달성하고 싶은 장래의 목표가 재무, 고객, 업무과정 및 학습과정의 관점에서 완전히 연계돼 있었다. 아즈미가 1년에 걸쳐서 가르쳐준 모든 것이 여기에 집약돼 있었다. 하나하나의 지식이 선이 되어 지금은 가슴에 품고 있는 가치관의 일부가 되었다.

"이해할 수 있겠어? 이것으로 내 컨설팅은 끝이야. 자, 맛있는 와인을 마시자고."

"네, 그래요."

유키의 어머니가 말했다.

그 들뜬 목소리에는 딸을 자랑스럽게 생각하는 어머니의 마음이 묻어났다.

그때 유키가 핸드백에서 한 장의 수표를 꺼내 아즈미에게 건넸다.

"이것이 제가 지급할 수 있는 최고 금액이에요. 받아주세요."

아즈미는 만족스럽다는 듯 그 수표를 바라봤다.

"유키 양과 함께 일해서 즐거웠어."

유키는 아즈미의 눈을 응시하며 부드러운 와인 한 모금을 마셨다.

유키가 지향하거나 실현하고 싶은 것

균형성과기록표

경영 비전	일하는 여성을 응원하는 옷을 만드는 일

현금흐름의 증대

재무의 관점

수익 증대	생산성 향상

판매수량 확대	판매단가 상승	비용 삭감	자산 압축

변동비	고정비

고객의 관점

고객만족도 향상

브랜드 가치	품질 향상	착용감이 뛰어남

업무의 관점

신제품 개발	홍보 활동	생산력 강화	재료 발주 방법의 재평가	결함비율의 향상	비부가가치 활동의 제거	제조속도 단축	생산방식의 재평가

학습의 관점

의욕 있는 인재 만들기

사풍	가치관	디자인력	기술력	규칙

균형성과기록표란?

새로운 시대에 적합한 관리회계 기법으로 균형성과기록표Balanced Score Card/BSC가 있
다. 이 균형성과기록표는 1992년 하버드 비즈니스 스쿨의 교수인 로버트 카플란Robert S.
Kaplan과 컨설턴트인 데이비드 노턴David P. Norton이 발표해 순식간에 세상에 알려지게 되
었다. BSC는 크게 다음 네 가지 관점에서 경영을 효율적으로 운영해보자는 생각이다.

1. 재무의 관점

회사를 주주의 소유물이라고 생각하면 이는 주주의 관점이라고도 할 수 있다. 전략적
인 재무주제(계획)는 수익의 증대와 원가절감 그리고 자산의 효율ROA을 향상시키는 데
있는데 일반적인 업적 지표로는 순이익, 매출액, 투자수익률Return of Investment/ROI, 경제
적 부가가치EVA, 매출액 성장률 등이 있다.

2. 고객의 관점

고객은 왕이며 진정한 이익중심점Profit Center은 고객이다. 따라서 고객의 관점은 경영에
서 빼놓을 수 없는 중요한 요소다. 구체적으로는 브랜드 가치의 강화, 고품질화, 특수기
능(착용하기 쉬움) 등의 차별화, 신속한 클레임 대응 등이 해당된다.

3. 업무의 관점(내부 프로세스의 관점)

내부 프로세스란 제품을 기획하고, 수주하고, 제조하는 과정에서 그 가치를 증식시키
고, 고객에게 인도하고, 대금을 회수하기까지 일련의 활동(영업순환과정)을 가리킨다. 이
내부 프로세스는 기업의 재무상태를 강화하고 고객의 만족을 높이는 과정을 말한다.

내부 프로세스를 강화하기 위한 첫걸음은 QCD(품질·원가·납기)를 향상시키는 것이다. 활동기준원가계산ABC과 활동기준경영관리ABM는 이 시점에 입각한 원가정보를 제공하고자 고안된 도구다.

업적 지표에는 활동기준원가, 부가가치율(또는 소득률), 가동률, 원가절감, 품질관리, 결함비율, 사이클 타임(또는 액세스 타임), 제조속도 등이 있다.

4. 학습과 성장의 관점

보이지 않는 현금제조기와도 같은 판매력, 브랜드 가치, 서비스력, 제품개발력, 기술력, 생산력, 관리력, 현장력 등의 자산은 결국은 사람에게 기인하는 것이다. 따라서 인재 육성을 위한 노력을 게을리하면 회사는 즉시 진부해진다. 회사의 장기적인 성장은 직원들의 높은 의식수준, 전문적 지식, 의욕(열정), 사내 교육, 사내 규칙개선, 정보기술의 활용, 활발한 현장 활동 등으로 가능해진다.

균형성과기록표는 '이들의 균형을 잡는다'는 뜻으로 밸런스드 스코어 카드라고 부르는데, 생각해보면 유키의 회사인 한나는 장기 비전과 전략도 없고, 유키 역시 최고경영자로서 작업자의 실태를 파악할 수 없었으며, 제조과정은 낭비투성이였다. 아즈미는 이런 문제점들을 논리적으로 해결하기 위한 지식과 사고를 유키에게 전수했다.

아즈미가 마지막으로 그린 그림은 네 가지 관점에 입각해 기업가치의 최대화를 실현하기 위한 '전략 그림'이다. 이 그림 안에 이 책에서 설명한 모든 것이 담겨 있다.

수익과 비용

회계학 콘서트 1

제1판 1쇄 발행 | 2008년 6월 5일
제3판 5쇄 발행 | 2024년 10월 28일

지은이 | 하야시 아츠무
옮긴이 | 박종민
감수자 | 김항규
펴낸이 | 김수언
펴낸곳 | 한국경제신문 한경BP

주소 | 서울특별시 중구 청파로 463
기획출판팀 | 02-3604-590, 584
영업마케팅팀 | 02-3604-595, 562   FAX | 02-3604-599
H | http://bp.hankyung.com   E | bp@hankyung.com
F | www.facebook.com/hankyungbp
등록 | 제 2-315(1967. 5. 15)

ISBN 978-89-475-4327-9   03320